稽古場での浅利慶太（中央）

『キャッツ』
1986年　舞台稽古
（撮影：山之上雅信）

代々木稽古場　1969年秋

『アルデール又は聖女』1954年　左より井関一、水島弘、日下武史、藤野節子

『はだかの王様』1964年（撮影：松本徳彦）

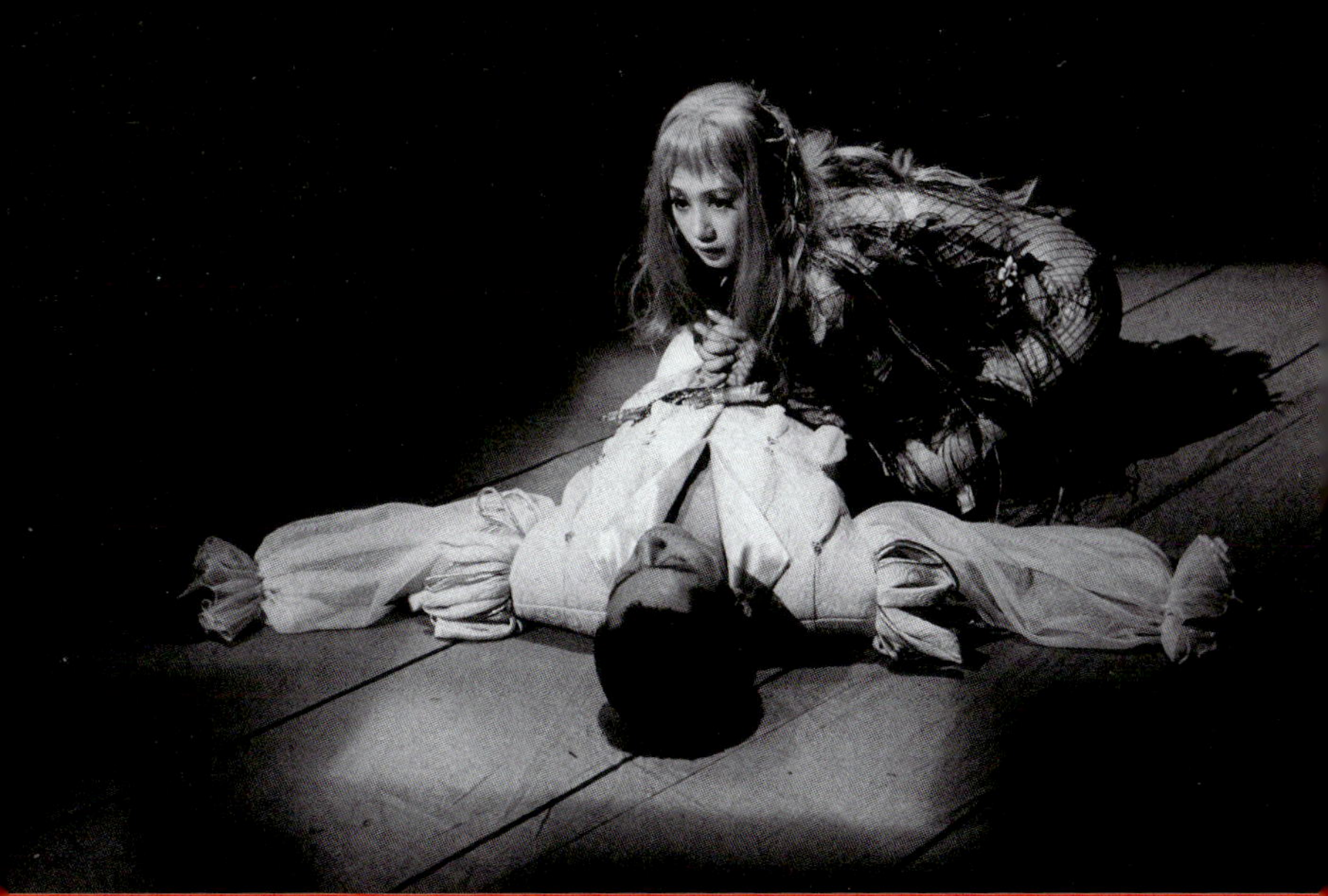

『オンディーヌ』1965年　加賀まりこ、北大路欣也（撮影：松本徳彦）

『なよたけ』1970年　北大路欣也、三田和代（撮影：松本徳彦）

『アプローズ』１９７３年
（撮影：松本徳彦）

『越路吹雪ドラマチックリサイタル』１９７４年
（撮影：松本徳彦）

『ハムレット』1982年
日下武史（撮影：山之上雅信）

『アンチゴーヌ』1987年
日下武史、野村玲子（撮影：山之上雅信）

『ミュージカル李香蘭』野村玲子
（撮影：山之上雅信）

『ミュージカル李香蘭』1992年
野村玲子（撮影：山之上雅信）

「キャッツ・シアター外観」1983年
西新宿（撮影：山之上雅信）

「劇団四季　浅利慶太記念館」（撮影：下坂敦俊）

劇団四季
創立70周年を超えて

梅津 齊
UMETSU Hitoshi

浅利慶太が目指した日本のブロードウェイ

KEITA ASARI'S
AIM FOR BROADWAY
IN JAPAN

日之出出版

contents

三　浅利慶太の大計画

四　全国公演を目指して

一　半世紀を経て、信濃大町へ

1　思い出の「四季山荘」

新宿発信州松本行き午後一時発の特急が、なんと〝あずさ25号〟だというので、ずいぶん昔に聴いたことがある「狩人」の〝あずさ2号〟を思い出し苦笑した。

目的地は信濃大町駅だったが、それには松本駅で大糸線に乗り換えなければならず、目的地の信濃大町駅には午後五時五分着となっていた。新宿からざっと四時間である。

このたびの目的の一つは大町市に一九九五（平成七）年に設立された「四季演劇資料館」を訪れることであった。そこには劇団四季四十年の歩みが紹介展示されていたが、二〇一八（平成三十）年、劇団四季創設者にして演出家浅利慶太の逝去を機に、「劇団四季 浅利慶太記念館」（以下、「記念館」と記す）と改称され、内容もより充実したものになっているはずだった。さらに、二〇二三年七月十四日に劇団四季創立七十周年を迎え、記念館はリフォームされ、内容も一新されたというので、是非とも確認しなければならなかった。さらに隣接する十四棟の巨大倉庫群をも直接この目で見、その後に「四季山荘」（現浅利山荘）を半世紀ぶりに訪れ、その姿と周辺の景色、谷川のせせらぎ、等々に思いを馳せ若き日の浅利慶太がそこで何を構想していたのかをじっくり考えてみたかったのである。だが、この日程表は到着時間を考慮しない独り合点で、順序はたちまち逆転してしまった。

山荘はもちろん旅館などではなく、常時開けているわけではない。所有者に連絡すべく、株式会社浅利演出事務所に電話を入れた。ちょうど夫人がいらっしゃり、信州信濃大町行きの理由を申し上げた。

四年前に『浅利慶太―叛逆と正統―劇団四季をつくった男』を出版していたが、その内容を若いファン向きに、いわば普及版として書いてみてはと版元の日之出出版からの示唆があり、それにのった筆者は再度、四季と浅利さんの資料を二カ月かけて見直してきた。その最後が信濃大町の「記念館」であり、巨大倉庫群であるが、それにも増してこのたびの取材のメインは何といっても彼がこよなく愛した山荘を訪れることであった。それなしでは今回の取材の旅はあまり意味のないものになってしまうように思われたからである。

夫人は女優の野村玲子さんである。二つ返事でいいですよとおっしゃった。普段は閉めていますが、管理の者に連絡させますので打ち合わせてくださいとの優しい計らいだった。山荘の管理者は「記念館」の館長浅野貢一氏夫人とわかった。また館長は「四季山荘」の初代管理者であり、山荘のおばちゃんと親しまれていた方のご子息で、劇団四季の仕事も、浅利演出事務所の仕事もしていたということであった。

主はミュージカルのロングランが次々に劇場を埋め始めてからは山荘を訪れる機会も多くなったと思われるが、浅利演出事務所に拠点を移して、吟味された作品を年に二、三本上演するようになってからは、恐らくかなり頻繁に稽古や休養で山荘を訪れ、ここでの時間を満喫したように思われた。既に「四季演劇資料館」は存在していて、浅野さんは館長だった。大町での浅利さんの行動は、浅野館長が把握しているに違いないと考えた。

旅の計画は山荘の件が解決したので完璧となった。心配していた友人大瀧[1]ともども喜んだのは言うまでもない。

2　記憶は〝あずさ25号〟に乗って

十月十一日の午後一時発松本行き特急〝あずさ25号〟は定時に新宿駅十番ホームから発車した。二度目の日程確認の電話で、松本駅でお待ちしていますという浅野館長の思いが

1　大瀧満（元劇団四季俳優・詩人）

けない申し出に恐縮していた。
特急の車窓から見る沿線の風景は、やや色づき始めたばかりだった。甲府駅から出ると左手に南アルプスの赤石山脈と中央アルプスの木曽山脈を遠くに眺めながら列車は松本盆地に向かって快走していく。新宿から一時間半ほど経っていた。遥か前方左側に北アルプスらしき山が見えたような気がした。筆者は北アルプスを早く見たかった。五十年前に来た時は三度目だったが、夜汽車で何も見えず窓に映るものは自分の顔だけだった。しかし今日は、いつもは遠く離れてはいるが、詩人で六十年来の親友、相棒が一緒だった。芝居のこととなれば、いつも同じような話になる。

「浅利さんは大きな身体をして子どもっぽいところもありましたね」と相棒がボソッと言う。「そうそう」と筆者。日生劇場が『オンディーヌ』(一九六五年)で大当たり。あっという間に二カ月を満員にした。その翌年五月三日から二十六日まで四大都市公演三十回。大阪・名古屋・神戸、そして京都が楽日(舞台公演の最後の日)だった。俳優たちは化粧を落として連れだって祇園の街を歩き、居酒屋に落ち着く。相棒の大瀧君も一時間ほどで宿に帰りシャワーを浴び、缶ビールを開けて飲み干し、布団にもぐり込む。やっぱり疲れはたまるものだ。と、大声が響いた。

声の主は明ちゃん[2]だった。かなり酔っている。彼は若い連中を起こし、整列させて説教を始めた。相棒も起きていくと「誰だ貴様は、大瀧か、お前もずいぶん生意気になったな。下手な芝居をしやがって。何だあれは！　カエルピョコピョコ三ピョコピョコだと？」。言いながら右手をのばして胸を突くところを、相棒は腕をつかんで引き寄せる風をしてかわし、背中を思いっ切り押しやった。彼はそのままタタタと隣の部屋の襖の間を抜け、影さ[3]んと藤野[4]さんが「ヤメテ！」と叫ぶ前をよろよろと通って倒れ込んだ。二人の女性は筆者の相棒を捕らえて無理やり彼を布団に押し込み、上から押さえつけて「もうやめなさいよ」と言う。「彼が私を起こして暴言を吐き出したんですよ」と相棒が言うと、「あらそうでしたの。わかりました」。「大瀧君は被害者です。明ちゃんが殴りかかって勝手に飛んでいったんですよ」と誰かが言っている。わが相棒は布団巻きに遭って上から二人の女性に押さえられている。そんな図を想像して大いに笑った。

で、当の明ちゃんは誰かが面倒を見て、静かになっていた。

しかし、事がこれほど大きくなると、相棒も劇団に対し忘れたフリはできない。仮にも大先輩をつんのめらせた、つっ転ばしたと言われても違うとは言えないからだった。この公演が終了し、翌日には東京に帰る。その後、浅利さんに退団届を提出するつもりだった。

2　田中明夫（舞台・映画俳優。七曜会より移籍。
1955～74年、劇団四季に在団。重要な役柄を演じた）
3　影万里江（1957年に劇団四季へ入団。同劇団の主演女優として活動。
後に浅利慶太の妻となり、離婚後も劇団の主演女優としての生涯だった）
4　藤野節子（劇団四季創立メンバー、女優・声優。元夫は演出家の浅利慶太）

帰って間もなく呼び出しがきた。

大瀧君が日生劇場の役員室に行くと、ニコニコ顔で「お前、明ちゃんを投げ飛ばしたんだってなあ」。「はあ、すみません。大先輩に対して、申し訳ないと思っています」。「いやあ、それは違う。みんなが見ていたし、理由も知っている。悪いのは彼だよ。いい年をしてなあ。しかし、よくやったなあ、よくやった」と大喜びしている風なのであった。相棒は退団届を出すタイミングを計っていたが、ここで出さなければ出せなくなると、素早くそれを彼の机の上に出した。

「何だこれは。退団届か？　そんな必要はどこにある？　みんなにも明ちゃんにも何事もなかったような顔をしていろ」

「浅利さんはそう言って、イタズラッ子のように声を上げて笑った。つられて自分も笑ってしまいましたよ」と相棒の大瀧君。

筆者が思うに、彼も明ちゃんについては、重宝なところもあるが四つ五つ年配でもあり、彼のちょっと臭い演技に、敢えて強く四季の理想とするセリフ術、役の性格や心理的な表現についてダメ出しを徹底することをしなかった。稼ぎ頭を鼻にかけているところも気に入らなかったはずだ。

「それで、君が投げ飛ばしたと聞いて面白がったんだ」

「人は悪くはなかったと思うけど、身体の大きさに比例しない軽さがあったですものね」

と相棒。

「ボスは、微妙に〝品〟にこだわる人だったからなあ。彼の面白いところはいろいろあるが、まずは面白がるときの子どもみたいなところだよ」


またこんなこともあった。

ある時浅利さんにゴルフはやらないんですかと聞いたことがあった。すると、「猫背の俺がクラブを担いで芝生を歩くなんて、想像するだけでおかしいだろう？　するわけがない」と言って笑った。

ところがいつの間にかゴルフに夢中になりだしたので、遂にゴルフにつかまりましたねと言うと「お前は俺をバカにしているのか？」と笑いながら、「やりだすとハマる」と言ってまた笑った。その笑いが可愛らしかった。

「あんなこと俺にできるか！」。そう断言してから一年も経っていなかったからだ。

「そうだ、マージャンは大好きだったようだ。誘うのも誘われるのも。金森[5]さんも好きだったから、よく人を集めて、劇団の若い連中などはいいカモにされていたようだった。負け

5　金森馨（劇団四季旗揚げ公演に応援の裏方として参加。公演終了後に入団。美術デザイナー）

ると勝つまで続ける人だったって言っていたな。四季山荘ができてからは、新聞記者や子会社の日本ゼネラルアーツの幹部連中とは休日にやっていたのではないか。コーちゃん夫妻[6]など音楽関係者とも」

コーちゃんといえば〈越路吹雪リサイタル〉で全国公演をやりだした時、札幌公演は二回目からは二三〇〇人収容の北海道厚生年金会館で三日三回の公演になってマージャンをする時間が増え、名義主催のテレビ局の連中とよくやっていた。毎回誘われたが、毎回断っていた。やったことがない、わからないのだ。遂にコーちゃん、ある時怒って筆者にこう言った。

「梅津さんは浅利さんに、私とは絶対にマージャンをするなと言われているんでしょう」

「違います。私は高校から苦学生だったので、マージャンはわからないんです。本当に」と釈明したが、コーちゃんは信じなかった。それでも彼女は札幌公演の時は筆者にも土産を忘れなかった。

「ところで大瀧君はマージャンをするの？　詩人の先生は」と筆者。

「しないよ僕は、詩人ですから。だいたい四人でなければできないというのがいやですね」

6　越路吹雪（宝塚歌劇団男役スター。退団後は東宝や日本ゼネラルアーツの専属。劇団四季のミュージカル他、様々なリサイタルでシャンソンの女王と言われた）
内藤法美（作曲家・編曲家・ピアニスト。越路吹雪の夫）

「そうそう……だけどボスは賭け事は好きだったが、マージャンとゴルフだけかな？　競艇とかパチンコ、競馬に賭けた話は全く聞いたことがなかったなあ」

「私も聞いたことがない」と相棒。

いつだったか井関さん[7]がショウボートの話をし、劇団四季ショウボート世界一周なんてプロデュースしたら面白いだろうなあ。飲み物は自由でさ。と言ったら、浅利さんは、世界の庶民はすぐ酔って大騒ぎをする。中古の貨物船を厚化粧して船倉に劇場を造るとしたら、新たに造船するほど金がかかるとの一言でおしまい。そのくせ、ある時こう言いだした。

「カナダは材木が安い。舞台用ベニヤ他を中古の貨物機をチャーターして輸入するのはどうだ。重量制限までに相当積み込めるぞ」

「それだって船便ならもっと大量に、したがってもっと安上がりになる。残念なのは、どちらも中古の貨物機、中古の汽船ってところだ。中古でも我々にとって〈安い〉と思うような代物はすぐ沈没するかすぐ墜落するようなゴミ同然のものだろう。ダメだこりゃ！」と誰かが言って大笑いで終わり！　この手の話はどれもこれも大笑いで終了するのだった。

だがそういう発想が、明日にも俺たちが見ることになる現在の巨大倉庫群につながっているのだと、二人の意見は一致した。

7　井関一（劇団四季創立メンバー、俳優・声優）

一九七三年のことと思うのだが、十二月下旬、筆者は突然電話で、「今日、大町の四季山荘に来てくれ。午後の便、JALかANAのどちらかに乗れるだろう」と命じられた。

叱られるとしても、大町の山荘へ呼びつけてということはまずない。では褒めるためなのか。とすると『間奏曲』の件がある。主役の（加賀）まりこさん[8]が週刊誌の無責任なゴシップ記事にやられた。世間もまたこれを話題にし、尾ひれをつけた噂を流す。その結果、ツアーは代役になるのではという口コミとなってチケットが全く売れない。特に受け持ちである北海道の函館市は入場者の半数がいつもプレイガイドからだった。公演まで二週間そこそこしかないのに、チケットはほとんど出ていなかった。なんとかしなければ。市民会館の館長の顔が浮かんでいた。関館長は四季の演劇ネットワークが、北海道から本州・四国・九州・沖縄までをしっかりつなぎ、演劇の道を踏み固めようとしている努力を称賛してくれた方だったからだ。

即、市民会館に向かった。ところが関さんは四月から市民部長として本庁舎に移動していた。「不覚！」。その連絡はいただいていたが、慌て者の筆者は完全に失念していた。

新館長にご挨拶し、主演は間違いなく当人が演じます。今日あたりは東北でたぶん秋田のはず。函館の現状はほとんどチケットが動いていないので、持てる力で精いっぱい頑張

8　加賀まりこ（女優。1965年、劇団四季『オンディーヌ』で初舞台）

ります と最敬礼をして、本庁舎に急行した。慌てるな慌てるなと慌てながら、未熟な営業はこの一カ月少々で既に一万五〇〇〇キロメートル近く走り回っていた。

関さんは、あらかじめの電話で事情を察し、「電話を一本かけますので、少し待ってくださ い。大変なようですね」と言って柔和な笑顔を見せた。人を安心させる笑顔だった。「モシモシ、セキです。チョットお邪魔したいのですが。ハイハイ、ではこれから伺います。さあ梅津さん、参りましょう」

廊下から外に出ると、「〈棒二（森屋）〉へ行きます。私の教会のボランティア仲間で〈棒二〉デパートの役員をしている広報宣伝部の人がおりまして、そこでお話しをしてみます」。話しているうちに〈棒二〉に着いた。エレベーターで上がる。「私が話している間、廊下の椅子で休んでいてください。話がまとまれば呼びますので」

関さんはノックして入っていった。五分か六分か、とドアが開いて関さんが入ってくださいと言う。中に入ると、小柄な白髪の明治人らしい老人が名刺を持って応接のソファーに近づいてくる。筆者も立ち上がって用意した。

「広報宣伝責任者の重役さんです。劇団四季の梅津さん」と関さんが紹介。そして名刺を交換した。「今、重役さんにお話を聞いてもらいました。考えてくださるそうです」

「市内のミッションスクールで函館白百合学園というのがありますが、そこの高等部の三年生に何か心に残るプレゼントをしたいと考えていたところでした。関さんからお話を聞き、内容もプレゼントにぴったりと思いますので、決めようと思います。B席を二〇〇枚いただきたいと思います」というのを聞き、筆者の顔は真っ赤になったはずだった。

「有り難うございます」と最敬礼で応えた。「よかったですね」と関さんがいつもの柔和な顔で言った。「はい、助かりました。つきましては私どものお礼として主演者二人、浜畑賢吉[9]と加賀まりこのサイン会を当日させていただければと思います。時間は二時頃までに終われればと思います。ご都合もおありと思いますので実施時間につきましては後日私の方から確認させていただきます。なおサイン会の告知は一日でも早くお願いできれば幸いです」。

「そうですね、わかりました」と重役さん。今日中にチケットをお届けいたしますと申し上げ、三拝九拝して退出した。関さんには何とお礼を申し上げればいいか言葉が見つからなかった。

白百合学園の二〇〇枚が大きな反響を呼び、〈棒二〉のサイン会の前宣伝とも相俟って函館のチケットは一週間ほどで一〇〇〇枚を超えた。

その日、駅近くのホテルに宿をとり、青森からの久保部長を待って道内の状況について打ち合わせをすることにした。

9　浜畑賢吉（俳優。1966年に劇団四季に入団。1994年にフリーとなり幅広く活躍）

『間奏曲』北海道公演は終わってみれば、まあ、よかったよかったと言える内容だった。浅利さんは「四季山荘」特製の北アルプスおろしの寒風によるつららのオンザロックで筆者を歓迎してくれた。暖炉と厨房から洩れるあかりだけの稽古場は薄暗かった。筆者は酔っていた。気づくと彼は夜半にじっと暖炉のあかりを見つめ続けていた。人を寄せ付けない厳しい姿に彼の孤独を受け取った気がした。

次は松本というところで突然列車は止まり、やがて事故があったとアナウンスがあり、結局、小一時間遅れて松本駅に着いた。人待ち顔の人々が点々と立っていたが、浅野館長はすぐにわかった。互いに自己紹介をし、車へ案内され、「真っ直ぐ山荘に向かいましょう。『記念館』は明日ご案内いたします」と言った時にはもう走り出していた。

信濃の国は日没が早い。既に午後五時を回っていた。陽は北アルプスに没していたように思った。異常な夏の暑さのせいか、山も谷も紅葉は少し遅れているように見えた。

初めて山荘を訪れたのは『なよたけ』の初日を観て翌日札幌に帰るつもりでいた日だ。浅利さんに挨拶をすると、「もう帰る？　明日は長野に寄っていけ。営業部の綱川君が行くはずだから一緒に行って山荘の温泉に浸かってからにしろよ」。二つ返事で、ハイそうしますと答えた。『なよたけ』の初日が一九七〇年十月十日だったので、「四季山荘」へ行ったのは十月十一日だったのだ。

この偶然の一致が何となく嬉しかった。『なよたけ』の上演は彼に課された亡き恩師加藤道夫[10]先生に対する最高最大の慰めと労りだったので、この上演を一日たりとも忘れたことはなかっただろうし、筆者もまた孫弟子として忘れたことはなかった。

車が山荘に近づくと胸は高鳴った。そこには浅利慶太その人の面影がそこここに刻印された山荘がある。特に晩年の様子は浅野館長ならばよく知っているに違いないと改めて確信した。


一九六五（昭和四十）年前後の彼の長期計画では、やがて四季による全国公演の青写真が現実性を持ちつつあることを実感していた。日本の芸術活動の現状は、東京一極集中であり、その状態が続いている間は、日本が文化国家であるとは言えないというのがかねてからの主張であった。特に演劇がそうだ。これを劇団四季が何としてでも打破しなければならないと事あるごとに熱く語っていたものだった。

その頃話題を呼んでいたヨーロッパスタイルの日生劇場が一九六三（昭和三十八）年九月に落成した。前後するがその二年前、株式会社日本生命会館（日生劇場）の設立において浅利さんは弱冠二十八歳にして作家の石原慎太郎[11]氏とともに、それぞれ制作営業担当役

10　加藤道夫（劇作家・翻訳家・演出家）
11　石原慎太郎（小説家・政治家）

員、企画担当役員として発表された。都民はもちろん全国の舞台を愛する人々は「アッ！」と目を見張ったものだった。社長は五島昇氏（東急電鉄社長）である。

この新しい劇場のこけら落としに浅利さんは世界最高のベルリン・ドイツ・オペラ総勢二八〇名の来日公演を実現し成功させた。初仕事としてはあまりにも大きな、世界最重量級芸術集団を相手に交渉を続け、ドイツ連邦共和国の文化活動助成金を引き出すという辣腕ぶりを発揮し、日本側負担の巨額経費を国に頼らず、石原氏との二人三脚で企業を説得して回り、若さと情熱でそれを成し遂げたのであった。その情熱を分析すれば、日生劇場の成功によって劇団四季も成長するという思いである。当時の演劇的状況からも社会的状況からも劇団四季の全メンバーが、核となってこの劇場を支えなければならなかった。そして、そうなってみるとそれこそが劇団四季を生かす最善の方法でもあった。

一九六三年の十月、怒涛のようなベルリン・ドイツ・オペラのこけら落としは成功裏に終わった。十一月にはドイツのリュプケ大統領が国賓として来日し、大統領主催の特別公演に天皇皇后両陛下のご臨席をたまわり、ベートーベン唯一のオペラ『フィデリオ』が上演された。

こうしてこけら落としは予想外の出来事にも見事に対応し、すべてが満点の大成功裏に終了。日本側総責任者の彼はさすがに体調を崩していた。にもかかわらず翌一九六四（昭和三十九）年二月、体調不良のまま、第三十回劇団四季公演『十字架への献身』（ドン・ペドロ・カルデロン・デ・ラ・バルカ作）を演出。初のスペイン黄金期の作品であるが、アルベール・カミュが脚色したことで取り上げた経緯がある。キリスト教の原罪と神の愛がテーマだった。

五月、日生劇場公演『喜びの琴』（三島由紀夫[12]作、浅利慶太企画演出）も演出スタッフの努力で、一応無難に乗り切った。この作品は三島由紀夫氏が劇団「文学座」と袂《たもと》を分かつことになった問題作であったが、彼が三島さんの側に立ったことで、日生劇場が上演することになったものだ。しかし、『喜びの琴』はこの劇場には合わなかった。あまりにも地味過ぎた。男ばかりの劇で内容も政治的謀略という終戦後間もなく起きた松川事件を彷彿とさせるのはいいとして、戯曲が全体として大劇場には向いていなかったからだ。

日生劇場らしい華やかな舞台は、四月公演の『シラノ・ド・ベルジュラック』（エドモン・ロスタン作、松浦竹夫演出）と、十月、三島由紀夫氏書き下ろしの『恋の帆影』（浅利慶太演出）が話題にはなったが、日生劇場の実質スタートの年としては、全般的に少々寂しいものだった。

その中で面目躍如たるものは、「ニッセイ名作劇場」第一回のミュージカル仕立て『はだ

12　三島由紀夫（小説家・劇作家・随筆家・評論家・政治活動家）

かの王様』(寺山修司台本、浅利慶太演出) であった。この企画は日本生命の弘世現《ひろせげん》社長と浅利さんの息の合ったコンビの成果であった。

日本一の生命保険会社が利益を社会に還元するための企画で、五月二十一日〜十二月二十四日。その間のステージ数は八十回。小六に限定した都内の小学校五六四校から招待者総数一〇万五七八〇名が観劇し、すべてのステージで学童の反応は大変なものだった。子どもたちの興奮はそのまま家庭の話題になってゆく。これは台本の寺山修司と浅利演出の学童研究の成果で、弘世社長も大満足であった。初日に開幕記念にと弘世社長より高価な〝マロングラッセ〟が全劇団員に贈られ、社長の心遣いに感動を新たにしたものだった。

日生劇場のイメージはこうして確立されていった。

「ニッセイ名作劇場」はこの形式で毎年新しい作品に小学六年生を招待し続けることになる。因みに翌一九六五(昭和四十)年の「ニッセイ名作劇場」第二回は、ミュージカル『王様の耳はロバの耳』だった。

劇団四季の稽古場はこのシリーズ第一回公演『はだかの王様』の出演料をプールしておいて、同年七月十四日、劇団創立記念日と同じ日に落成した。これはもちろん浅利さんの配慮である。遂に四季は「城」を持ったのである。場所は渋谷区代々木四丁目五-十七。敷地一〇七・二四坪。軽量形鋼三階建て、冷暖房完備。七月二十日、二十一日が披露パーティーだった。

この日、創立メンバーは泣いた。劇団員も泣いた。研究生はもらい泣きし、皆泣いた。浅利さんは、次の段階は、日生劇場が当たるか否かで決まると言った。続けて、浮かれるな、これは俺たちの仕事だということを忘れるなと厳しさを求めた。

同年の一月から劇団員並びにスタッフ、有限会社劇団四季の社員は完全月給制となる。

この年、日生劇場公演は翻訳物の日本初ロングラン競争を演じることとなった。それは劇団リーダーが主張するように、全国公演をアルバイト意識ではなく四季の仕事そのものとして行う日が近づいてきたことを強く意識させた。

日生劇場公演とは別に、劇団四季独自の公演は主として第一生命ホールで従来同様に続けられていた。ここで驚くような事が起こった。十月二十九日、三十日の二日間のみを日生劇場初登場の『越路吹雪リサイタル』にしたのである。戦略に迷いはなかった。わずか二日間だけの「リサイタル」に越路ファンはチケットを求めて駆け回った。

越路吹雪は日生劇場によく映え、彼女の歌は観客の心にしっとりと染み込んだ。この企画は狙い通りにビッグな話題を巻きおこした。

この年の劇団四季を総括すれば、本公演四、名作劇場一に、日生劇場公演出演『孔雀館』

（『アルデールまたは聖女』改題）、ミュージカル『焔のカーブ』『悪魔と神』を加え、二七〇ステージのフル回転。浅利慶太は六作品演出、金森馨は八作品の装置を担当。田中・日下[13]・水島[14]は二六〇〜二八〇ステージに出演。舞台、稽古が全くなかった日は十二日間のみ（「劇団四季創立二十周年記念パンフレット」所載）。

年末の劇団総会で、リーダーは全員に対しこの一年間の奮闘を労《ねぎら》った。

眼は車窓の外、夕暮れの風景を映しながら心は数十年前を追っていた。

3　懐かしき山荘にて

山荘では、館長の奥様が我々のために万端整え終わり、最高の笑顔で迎えてくださった。着いた時間が時間だったので、もう夕食の用意はできており、お話は食事をとりながら、ということになった。

館長の話は母堂《ぼどう》（母君）の生前の頃から始まった。やがて「四季山荘」をなぜここに決めたのかについての理由がわからなかったが、拙著の『浅利慶太―叛逆と正統―劇団四季をつくった男』（日之出出版）を読み、そこに出てくる詩「わが心高原に」がヒントになっ

13　日下武史（劇団四季創立メンバー、俳優・声優）
14　水島弘（劇団四季創立メンバー、俳優・声優）

たというのである。浅野館長はスコットランドの詩人ロバート・バーンズの「わが心高原に」が浅利さんに大きな影響を与えたのが原因ではなかったろうかというのであった。

浅野館長の感性が捉えた正しい読みだと思う。筆者もそのように考えてきた。孤独な少年の頃から言葉に敏感で、しかも疑問については徹底して調べる気風が備わっていたように思われる。それが台本を深く読み込むという言葉にあらわれ、時には百回は読んだとやや大袈裟に聞こえる発言ともなっていた。

そう思い、ロバート・バーンズを調べ、劇作家ウイリアム・サローヤンを調べ、世界地図にあたり、日本地図の長野県、北アルプス、中央アルプス、南アルプスにあたった。周囲を山々に囲まれた小国アルメニア系移民のサローヤン一家はカリフォルニアのフレズノに落ち着く。ウイリアム・サローヤンはここで生まれた。しかし一歳半で父を亡くし、フレズノから兄姉四人とともにオークランドの孤児院に移る。五年後、工員の母親が引き取りに来るまで住んでいた。

二つの山脈に挟まれた盆地ではあるが、大陸である。オークランドやフレズノの遥か東方を、ほぼ南北にのびるシェラネバダ山脈には、海抜三〇〇〇〜四〇〇〇メートルの山はあるものの、オークランドからは地図上でざっと三二〇キロメートル、フレズノからでも三〇〇キロメートルの距離がある。谷間の平野から三〇〇キロメートル以上離れた山脈は子どもたちには目視できなかったかも知れない。

広大な平野が続き、丘があり高原もあって峰となる。海岸山脈の方は、サンフランシスコやオークランドでは太平洋岸といってもいい位置のように見える。日の出はやや遅く、夕陽は太平洋に沈むのを子どもたちは見たかも知れない。フレズノであれば夕陽は丘に沈んだであろう。

サローヤンは苦学しながら貧しさと戦い、成長して遥かなるスコットランドの詩人、ロバート・バーンズの詩に出合い、その孤高の精神をわが人生の指針として作家となったと思われる。その詩が「わが心高原に」であり、同名の戯曲となった。


浅利さんは劇団創立十五年を機に劇団員のために保養所をと考え、用地を探して軽井沢の祖母を訪ねる。


「慶ちゃん、別荘は最低千坪の土地がなきゃ駄目よ」と言われる。その後友人のすすめもあり、八王子から大曲峠、甲府を抜け、十一時間かかって大町市にたどりついた。

……おかげで大半の劇団員に「先生は気が狂った」と陰口をきかれた。

（「文藝春秋」一九九八年三月号〝わたしの月間日記―長野オリンピック演出日記〟浅利慶太著、文藝春秋）

彼が魅了されたのは、北アルプスの見える風景だった。

浅野館長は「わが心高原に」の最後の「連」に逆照射された大町の地理的環境が、浅利さんを捉えたのではと思った。浅利夫人他の方は、浅利さんから直にこう聞いた。「友人に誘われて大町へ行ったが夜になった。翌朝目を覚まして目の当たりにした風景に圧倒され、一瞬にしてこの場所に決めた」と。この時の彼の「一瞬」の中に、筆者がここまで書いてきたことが〝凝縮〟されていないとは限らない。


山荘はこうして長野県大町市郊外に決定づけられたのだと筆者は理解した。これら詩人、作家の生い立ちと自身の少年時代を重ねたのかも知れない。彼の胸の奥底には滅多に見せない孤高が棲んでいた。それと相反するような寂しがり屋でもあった。それを他人に見せないようにしていたというのは、むしろ孤高を愉しんでいたのかも知れない。

話は前後するが、彼が山荘の話を初めて創立メンバーと劇団員に打診したのは、全国公演が定期的になれば、劇団員の人数が増えてくるからで、組織としては福利厚生を無視できなくなる。しかしみんなの認識がバラバラだったので、会社で考えることにする、と話を打ち切ったことがあったという。

福利厚生は劇団員ばかりではなく営業部他の社員にも必要な社会保障だからということで、会社として考えるとして収めたというが、賛成できなかった創立メンバーの気持ちはわかるような気がした。創立以後少なくとも数年間の最低な生活を思えば、日生劇場を背景に他の新劇団に比べ驚くような稽古場と事務所を持った上に遠い長野県の保養所は何かしら直ちに賛成できなかった気持ちも理解できた。同時にそれが、芸術家であり実業家でもある浅利さんと俳優の差なのだとも感じた。これは三年後に山荘が落成した時、創立メンバーの何人かは当時乗り気ではなかったという話を聞いた時の筆者の感想である。

四季株式会社の社長になっていた彼は山荘の話を持ち出した時点で、表向きは福利厚生のためであるが、本音ではここを劇団四季の全国公演のための秘密基地と考えていたのではないだろうか。「ゴルフなんて！」がいつの間にかゴルフをするようになり、マージャンは好きで強い方だった。それに温泉があり、料理も酒もある。遊ぶフリをして芸術論を語り、天下国家を語る場所だったのだ。

しかし劇団創立当時の彼等は何かに苛立ち怒っていた。世界は米ソの冷戦に縛られていた。ソ連は水爆保有を発表。アメリカは水爆の実験をした頃だった。第五福竜丸がビキニ環礁での水爆実験で被災。そうして日本は独立国なのかどうかわからないと若者たちは考えていた。

その頃の特に都会の志ある若者たちは皆貧しかった。北は北海道から南は沖縄まで、似たようなことを感じ、悲憤慷慨《ひふんこうがい》からヤケ酒に走り、自らに当たる。やがて体制への多くの反対運動が起こり、学生たちのデモが盛んになり、新劇団もそれに呼応するようになる。以下の貧しい話もその頃のことだったのであろう。

メンバーの日下さんは浅利さんのカケソバを半分食べさせろと言い、二人は半分ずつ食べた。彼は味をしめ、油断しているとよくやられたそうだ。

唯一学生を続けていた東大生の水島さんは毎回奨学金を狙われ、みんなに飲まれてしまうのが常だった。高田馬場駅近くの居酒屋で、混んでいる時はカラになったお銚子を一本二本隠して会計をしたり、コップ酒一杯で一〇〇メートル競走だと猛烈にダッシュするなどは彼等のよくやっていたことだったという。経済的な酔い方として貧乏学生、特に寮生の間では全国的に流行していたものだった。

日下さんの実家は家業が敗戦で仕事がなくなり、彼が働かなければならなくなった。稽古日にも顔を出さなくなった。

それはケシカランと四、五人で彼を連れ戻しに行き安酒を飲ませた。彼は酔った勢いでアヌイ、ジロドゥ論を、とうとうと語り始めた。それをルイ・ジュヴェの声で、とはやしたて、一件はたわいなく落着し、最後は浅利のところへと押しかけた。
筆者が彼等のドタバタ武勇伝を先輩から聞いたのは、入団の年だった。彼等の武勇伝はみんな知っていたのである。

そんなことがありながら、芸術家であり、実業家でもあった浅利さんはその虚業と実業の二つの目標達成を諦めなかった。かくして山荘は四季株式会社の福利厚生施設「四季山荘」として、稽古場建設から三年後の一九六八（昭和四十三）年九月十六日、長野県大町市籠川に落成した。〈当日は劇団員全員が集まって「山荘」びらき。〉と二十周年記念パンフレットに記されている。鉄筋コンクリート二階建て、建坪延べ一七三坪。稽古場、和室、温泉の大浴場二槽など。冷暖房完備。
この「四季山荘」は、政・財界、芸術家、ジャーナリストなど多彩な人脈を強固にし、劇団四季の全国公演に絶大な力を発揮することになる。

本格的に全国公演を始めたのは『オンディーヌ』が最初で関西・東海四都市計三十回公演（一九六六年）。次がその翌年の『ひばり』で、同様に関西・東海四都市と横浜市で計五都市十八回公演。三回目が一九六九年の『ハムレット』で、関西・東海四都市だが京都市に代え奈良市を加えた計十回公演。続いて四回目は同年末、『白痴』で十一月六日〜十二月十六日の本格的各都市公演がスタート。四国・九州方面を中心に二十都市二十二回公演。

これら大作が全国公演となると、その組織的公演活動と本公演が並行し、なおかつこの間に〈こどものためのミュージカル・プレイ〉（劇団四季が子どものために上演したオリジナルミュージカルの総称）が参入する。『ハムレット』が七月関西・東海四都市公演。その翌月末に名作劇場『はだかの王様』が大阪市厚生年金会館で八回、大阪市フェスティバルホールで二回の公演であった。その後、一九七三年の『桃次郎の冒険』で「ニッセイ名作劇場」の大阪公演が実現する。

弘世社長が半世紀にわたって温めてきた夢のある劇場で、子どもたちに楽しいお芝居を鑑賞させたいと希《こいねが》ってきたことが遂に大阪で実現したのである。日本生命大阪本社の役員の方々はどんな反応だったのか。それについては浅利さんも話していない。

〈こどものためのミュージカル・プレイ〉は日生劇場公演の反響の大きさが急速に広がり、劇団四季に複数の企業から電話で問い合わせがあった。

『はだかの王様』初演から五年後の一九六九年に、富士急ハイランドが「富士急名作劇場」として子どもと家族を招待。演目は『白鳥の王子』三十二回公演。その翌年は『はだかの王様』二十八回公演。翌々年は『どうぶつ会議』二十回公演。

ヤクルト本社の「母と子のヤクルト名作劇場」は、一九七〇年より前期は中部・関東・東北・北海道二十四都市二十九回公演。後期は関東・北陸・近畿・中国・四国・九州二十四都市二十五回公演。一九七五年からは年一回になるが始まりから八年間継続。三九三都市、公演回数四二〇。総観劇者数は不明。

一九七三年より一九八七年にわたり「NHK夏休みこどもミュージカル」として『王様の耳はロバの耳』と『ゆかいなどろぼうたち』を交互上演、NHKホール全国放送。十五年で六十五回公演。他に一九八一年より一九八五年で全国四十四都市四十四回の公演を実施。無料招待。


筆者は一九七二年のヤクルトの前期北海道公演中の旭川市で、重度障害のある子どもたちが、感動のあまり舞台にとけ込んで、突然身をよじって舞台の子どもたちを応援する瞬間に立ち会った。

この時の演目は『星からきた少女』で、物語は地球以外の星からやってきた少女が宇宙船に乗り遅れて困っているのを知った村の子どもたちが、お金もうけを企む大人たちから少女を守り無事に自分の星に帰してやるという話である。大人たちの悪だくみから少女を守る村の子どもたちの知恵と行動力、危機一髪で難を逃れる子どもたちの正義感と勇気の物語である。客席の子どもたち全員が今日の舞台を忘れないだろう。会場の入退場は通常の二倍ほどの時間がかかっていた。バスの乗降、会場までの往復と、座席に座らせる、座席から車椅子に乗せる作業のためのボランティアはヤクルトの関係者や保護者のように思われた。筆者は「いらっしゃい。ご苦労様です」と声をかけ続けた。入場者の半数以上は関係者、ボランティアだったように思う。

観客の子どもたちは始まって間もなく完全に舞台に引き込まれた。あちらこちらから声があがったり、左右の手のひらがうまく合わない拍手を一心に繰り返し、みんなと一緒に歌おうとして必死に口を動かそうとする子どもを近くで見ている保護者やサポーターは泣いていた。舞台の俳優たちも泣いていた。大人も子どもたちも一緒になって顔中をクシャクシャにしていたのである。もちろん、筆者も同様であった。

「ニッセイ名作劇場」の影響で、社会全体に企業のイメージに対する従来とは違った見方があらわれた感じがした。企業や公益法人の助成事業が見直され始めたと思われるような気配が強く現れたからだった。さらに具体例を数字とともに挙げてみたい。

「クリスマスチャリティー公演」は、心身にハンディキャップのある方々に、いつまでも思い出に残る本物の舞台を観てもらう招待観劇会。公演は劇団四季の〈子どものためのファミリーミュージカル〉で、毎年十一月・十二月に全国で観劇会を開催している。一九七六年から日産労連が中心となって進めてきた活動の輪を、地域社会に一層広めることで、相互扶助の精神を社会に根付かせ、日本における社会福祉の向上を目的にしている。そのため二〇〇四年に特定非営利活動法人日産労連ＮＰＯセンター「ゆうらいふ21」を設立し、活動を推進している。各会場では、日産労連の組合員を中心にボランティアとして、受付、場内外の誘導などを行い、招待者の皆さんが安全に楽しんでいただけるようにサポートしている。二〇二三年までの実績は公演回数九三六。参加施設数四万一二二一。総観劇者数一一〇万五二三八。

既に触れたが、「ニッセイ名作劇場」は日本生命保険相互会社が協賛し、公益財団法人ニッセイ文化振興財団［日生劇場］が主催し、この活動趣旨にご賛同いただいた多くの団体、行政の皆様のご協力をいただきながら開催する事業として一九六四年から始まった。二〇一四年、五十周年を記念して「ニッセイ名作シリーズ」へとリニューアルされ、二〇二三年からは新たに、日生劇場公演では小三から小四を対象とした劇団四季制作のミュージカル上演をスタート。今日までの劇団四季制作のミュージカル作品の上演は、公演回数五〇〇六。招待学校数八万二一三一。総観劇者数七九〇万五七九〇。

「こころの劇場」は、一般財団法人舞台芸術センター・劇団四季・開催地自治体が主催する事業である。二〇〇八年以来、この活動趣旨に賛同する多くの企業や団体、行政の方々のご支援ご協力を得て上演されている。離島を含む僻地《へきち》の小さな自治体には、学校巡演の演劇教室も現実的には難しいところが多い。そうした地域にもいろいろな子どもたちがいる。この活動は全国の子どもたちに、テレビとは違う舞台を通じて、愛と勇気と希望を届けるために生まれた。二〇二三年までで、北は利尻島から南は石垣島を含む小学六年生を学校単位とし、日本の小学六年生の約半数が参加。公演回数四八一二。招待学校数七万三〇〇〇。総観劇者数五八〇万。

以上、「ニッセイ名作劇場」及び「ニッセイ名作シリーズ」から「こころの劇場」、その他企業・団体が主催する招待観劇会の劇団四季ミュージカルの総観劇者数は、

一六〇〇万人

を超えると思われる。

この中に、非常に多くの劇団四季のお客様や「四季の会」の会員がいらっしゃると思う。〈こどものためのミュージカル・プレイ〉を学校の授業として観劇された方の感想を寄せてくだされればと願っている。

4 長野・信濃大町で新たに知ったこと

「四季山荘」落成の三十年後に第十八回冬季オリンピック長野大会が長野県で開催されることになり、その開閉会式の総合プロデューサーに浅利さんが任命されることになった。舞台演出家としての国際的ネームバリューは高く、長野県信濃大町における彼と劇団四季の知名度は抜群だった。長野大会（一九九八年）の三年前、一九九五年には、「四季演劇資料館」と、大型の舞台装置一式を演目ごとにまとめて何作品分も収納保全できる倉庫群（「四季演劇資料センター」）が建設され、現在それは計十四棟の大倉庫群に膨れあがり、倉庫増設も計画中だった。期せずして、これらは長野県と劇団四季との絆の深さを余すところなく示すことになっていた。こうした背景もあって総合プロデューサーには彼以外になしとなった。もちろんその期待に応えようとした。

しかし、始まってみるとＩＯＣ（国際オリンピック委員会）のあまりに古い体質に失望。大会終了後に相当額のギャランティが示されたが受け取りを辞退し、全額を長野オリンピック委員会のために寄付したことが日本経済新聞に掲載された。これは彼一流の怒りの表現であった。

これと同様の行為があった。浅利さんの努力でやっと予算がつき、具体的に動き出した第二国立劇場（現新国立劇場）設立に関するトラブルだった。その準備協議会の最高機関で最終決定した案を覆そうとクーデターが起こった時だった。クーデターの責任者はその決定案に賛成していた高名な芸術家だった。この騒動で再び第二国立劇場の建設が遠のくことを恐れた彼は専門委員長を辞任した。それが彼等の狙いだったからである。一九八四年のことだった。在野の人となった彼は直ちに攻撃に転じ、クーデター側の四つの無知とでたらめな非難のすべてを論破し（「文藝春秋」一九八四年七月号）、首謀者とその背後にいる二国を利権と見る者たちの目的を封じた。

話を長野冬季オリンピックに戻す。長野冬季オリンピックの総合プロデューサーに起用され、指揮者の小澤征爾氏他の強力なスタッフとともに決めたテーマは「歴史と現代」「自然と文化」「環境と人間」。それらの調和を図ることで世界に平和を宣言することだった。その本番の前に日本独特の文化を前面に押し出した演出内容をマスコミの協力で説明、解説の必要があった。しかし、ＩＯＣは慌ててそれに待ったをかけた。ＩＯＣの考えは開会式、閉会式の当日に「アッ」と驚かせることを第一としてきたというのが理由だった。

浅利さんたちスタッフは困った。例えば日本の伝統文化について日本人でもよく知らない神事が長野県にはある。外国人には諏訪大社の御柱が何を意味するか、なぜあれほどの危険を冒して山から切り出してくるのかなどわからない。横綱の土俵入りも、四股《しこ》を踏むことの意味もわからない。あれが大地の悪霊を地中に閉じ込めておくための神事であることなど、説明があって初めて理解できるが、それがなければただ物珍しいだけである。終わってから冊子を読んでも後の祭りである。

長野オリンピック委員会に訴えたが、IOCを翻意することはできなかった。この頑迷、旧弊に匙を投げるより仕方がなかったのである。一年後にこう述べていた。

「……政治や芸能の世界がある程度ドロドロしているのは知っていた。が、フェアプレー、スポーツマンシップがモットーの世界も例外ではなかったと証言しておきたい」

（「日本経済新聞」一九九九年二月二日付）

翌日は再び浅野館長のお世話になる。山荘から十五分ほど、左右が畑の道を走る。やがて到着。「記念館」は環境にふさわしい地味な色彩とデザインの落ち着いた感じの二階建てで、屋外には「劇団四季 浅利慶太記念館」と記された横長で厚い一枚板が直径三十センチメートル以上はある二本の柱に左右を支えられ、出迎えるように立っていた。これも記念館全体を考えてのデザインであった。中に入って職員を紹介され、次いで館長の案内で劇団四季の創立から始まる七十年史が一歩ずつ開かれていく。説明にはないが、旗揚げ公演の装置は慶應義塾大学演劇研究会の装置を借りたという極貧からのスタートだったことを思い出した。

日生劇場の設立から浅利さん以下数名の四季幹部が劇場の各部門の責任者となって本格的劇場造りに取り組んだことや、こけら落としはベルリン・ドイツ・オペラの引っ越し公演と言われるほどの大がかりなものだったと改めて思い出された。

これらの内容が詰め込まれた展示物、説明を読んでいると時間を忘れそうになる。我々は館長の時々の説明を聞きながら、後について一歩ずつ移動していた。

明治、大正、昭和と主要な演劇史に続き、劇団四季は一九五三（昭和二十八）年に創立。その九年後に四季の演出部に居場所を与えられたと思うと熱い思いがこみ上げてきた。

展示は時代の推移を大きく捉えながら、その中で劇団四季の理念と軌跡を示すものになっていた。長野冬季オリンピック開閉会式総合プロデューサーとしての貢献も含め、世界に向けての日本人の感性と日本の文化について彼の考え方は少しも変わらない。彼は日本の文化のルーツは大都市ではなく地方に、そしてそこに残る言葉にあると考えていた。

日本の文化について特に欧米諸国への理解を求める努力も精いっぱいにしなければと考

えていた。ミラノ・スカラ座ばかりではなく、ヨーロッパ全体で『蝶々夫人』に対する的外れの演出が当たり前になっていた中での日本人の演出で、プッチーニの『蝶々夫人』は生き返った。浅利演出は従来の誤りに終止符を打ったのである。特に強調されたのは日本の文化に対する先進国の蔑視、無神経への抗議であり、それが大反響を呼んだ。蝶々夫人は、夫の裏切りから自らの誇りを守るため、日本の婦人らしく古式にのっとり自害する。ヒロイン蝶々夫人は日本人なのである。

劇団四季のミュージカルには前史があり、ジャン・ジロドゥ作『間奏曲』の上演がその初めであった。創立翌年十二月、第三回公演である。作曲は間宮芳生で予想以上の美しさと楽しさを感じさせる音楽だった。五十年前「四季山荘」に初めて宿泊し、谷川の流れに『間奏曲』を思い出し、思わず劇中の曲を口ずさんだ記憶が今回も蘇った。

その後一九六一（昭和三十六）年には小学生向け学校公演に音楽劇『ヘンゼルとグレーテル』を制作し、東京都とその周辺を巡演した。そういう下地があってのミュージカルで、特に一九六四年から始まった「ニッセイ名作劇場」のミュージカルは歌唱力とダンス力の上達に目を見張るものがあった。それらは海外作品の大型ミュージカルとなって現在につながっている。オリジナルミュージカルは実にこの〈こどものためのミュージカル・プレイ〉が基礎をなしているのである。

ストレートプレイではフランスの二人の傑出した劇作家、ジャン・アヌイとジャン・ジロドゥが劇団四季の舞台活動の基盤になっており、そう思って見ていくと「記念館」の見学は二〜三時間を要する。今回は予定の時間に縛られて私流の確認で終始したが、日を改めたいと思ったことであった。

「記念館」に隣接する巨大倉庫群とは何か。簡単に言えば舞台の大小道具、衣装、かつら、履物他一式を保管する大型倉庫である。それらが公演後に、補修され保管されることで次回公演は初めから何千万円かの余裕が生まれるのである。劇団四季の演目の中で、記念碑的な美術装置、衣装、かつらなどは当然だが、数年後にあるいは十年後に再演再々演となる演目の舞台の一切をその演目ごとに保管しておくための倉庫で、後に必要とされた時、念入りに点検をしてそこから劇場に直送すればいいのだ。

そういった舞台装置他の保管と施設を管理するスタッフも常駐している。巨大倉庫群は、そのまま劇団四季の規模・力を具現する基地そのものである。それに隣接する現在遊休地となっている土地は、浅利さんが野外劇場を造る構想だったという。それを聞いて、筆者の胸は瞬間湯沸かし器のように熱くなった。

再び「四季山荘」に話を戻すが、建設は純粋に劇団四季のためであった。もっとも「江戸っ子」を自認する浅利さんにはルーツの地とする「田舎」がなかったので、彼にとって還るべき出自の里がなかったことが理由では、と軽口をたたく者もいたがそれは違う。劇団四季のために造り、その目的は大いなる達成を見た。ともに闘った戦友だった。「老兵は死なず、ただ消えゆくのみ」とは、マッカーサー[15]の残した美しい言葉である。そんなことを思い出していた。

詩「わが心高原に」には、貧しさと厳しい自然と、イングランドとの政治的対立を闘いながら生きたスコットランド人の誇りの象徴、サザン高地が、今もスコットランド人の血の中に濃く流れていることを予想させる。

ウイリアム・サローヤンはカリフォルニアの二つの山脈の間のフレズノに生まれ、フレズノに没した。彼はロバート・バーンズの詩「わが心高原に」を一つの理想とした。それは父譲りのアルメニア人魂といってもよかった。生きるためアジアの小国、アルメニア共和国からカリフォルニアへ移民として落ち着いた街フレズノは、アルメニアの山々に囲まれた故郷に似ていたのかも知れない。サローヤンは長じて苦学し、小説家、劇作家となっ

15　ダグラス・マッカーサー（アメリカ合衆国の陸軍軍人。太平洋戦争終戦後は連合国軍最高司令官として日本に進駐）

た。初期に書いた戯曲『わが心高原に』には自分の少年時代を映したような少年ジェニイが描かれている。

演出家浅利慶太もまた信濃大町の郊外、せせらぎが心地よい谷川べりの山荘で、サザン高地近くで生まれ没した詩人の孤高を愛し、サローヤンを愛し、自らを見つめ想を練った。晩年の彼は、今や自らの所有となった山荘を訪れては周囲の山や丘を、北アルプスを愛し、浅野館長に「おい、ドライブに行くぞ」と、いつものコースを走らせたという。山道のコースには季節によってリンゴがたわわにぶら下がっている。

「貢一、そのリンゴをもぎ取れ」と悪戯《いたずら》少年のように笑いながら私を困らせては楽しんでいた、と浅野館長は懐かしんだ。

いつも同じコースで、浅野家の菩提寺である霊松寺に寄り、特に「山荘のおばちゃん」と敬愛していた浅野館長の母堂を想い、手を合わせていたということであった。

霊松寺の東側高台の道路にはパーキングがあり、西方遥かに北アルプスの連なりが見え、海抜三〇〇〇メートル前後の山々を遥かに眺望できた。浅利さんはその山々をゆっくりと右から左へ左から右へと眺め回したものだったと浅野館長は楽しそうに懐かしそうに話していた。

わが心高原に

わが心高原に、わが心此処にあらず、
わが心高原に、鹿を追いつつ、
山鹿追いつつ、子鹿追いつつ、
わが心高原に、何処にありても。

さよなら高原よ、さよなら北地よ、
勇気の生れる郷、まことの国よ！
何処にさすらい、何処に彷徨うとも、
かの高原の丘を、我は永遠に愛す。

さよなら山々よ、聳ゆる雪の頂きよ、
さよなら谿谷よ、緑なす谷間よ、
さよなら森林よ、茂れる森よ、
さよなら谿流よ、音高く流れる水よ！

（ロバート・バーンズ詩、加藤道夫・倉橋健訳）
（『ウィリアム・サローヤン戯曲集』加藤道夫・倉橋健訳、早川書房）

二　新たな演劇への決意──劇団四季いよいよ始動

1　恩師の衣鉢《いはつ》を継いで

　劇団四季の演劇活動を語る前に、三年ほどの前史と呼ぶにふさわしい重要な期間があったことを「劇団四季創立二十周年記念パンフレット」は初めに掲げている。要約した上で先に進めたい。

《前史》
　五〇年前後の慶応高校演劇部には、日下武史、藤本久徳、浅利慶太、林光（作曲家）、有賀二郎（舞台美術家）らが在籍していた。当時は、日下が演出者で浅利は俳優だった。林光はすでに俳優座の「フィガロの結婚」の音楽を担当していた。……偶然に幻の名作「なよたけ」の作者加藤道夫氏が慶応高校の英語教師をしていることを知り、林光によれば以前からいわば憧れの演劇人だったから、加藤さんが日吉にいるぞって話から、暫く〝加藤さん覗き〟って遊びをしていたらしい。後に加藤邸へしばしば集まるようになる。加藤氏は「自然主義リアリズム」が猛威をふるっていたその頃の新劇界に絶望しており、少年たちに、ジロドゥに結実した西欧演劇の伝統と光輝を、舞台における詩と幻想を、くりかえし説く。

浅利（高校二年）の初演出「わが心高原に」を観た加藤氏は弟子の作品理解の確かさに喜び、ボオドレエルの詩を引用し次のように激励する。

「君達は、ひとつの扉をあけたのだ。……呉々も忘れないように、その扉が、その扉だけが真の演劇の世界へ君達を導き入れる唯一の扉なのだ。……現在の舞台にのさばってゐる旧い新劇やふざけた新劇には呉々も影響されないように。やがて君達の手で新しい演劇芸術が開花する未来を僕は夢みてゐる。」〈慶応高校新聞会〝The High school News〟50・12・10〉

浅利らは、演劇を一生の仕事にしようと決意する。

同じころ加藤氏のもとに通っていたグループがあった。諏訪正人（毎日新聞「余録」の著者）・水島弘・井関一、藤田三夫[16]、浜本三保子[17]、杉山紀子[18]、吉井澄雄[19]らの劇団《方

16　藤田三夫（劇団四季創立メンバー、俳優）
17　浜本三保子（劇団四季創立メンバー、女優）
18　杉山紀子（劇団四季創立メンバー、女優）
19　吉井澄雄（劇団四季創立メンバー、世界的照明家）

舟》である。東大学内劇団とはいうものの、石神井高校の同窓生が中心だった。二つのグループは加藤氏を介し協力しあい、「アンチゴーヌ」「スカパンの悪だくみ」等を上演する。

五三年になって彼らは劇団を結成すべく、加藤氏に相談する。

「一生の貧乏を覚悟しなければならないよ」「どうしてもというのならおやりなさい。近く僕も文学座の若い人たちと劇団をでます。そうしたら一緒にやりましょう。それまで頑張っていらっしゃい」「時期は今年の暮れか、来年早々になると思う…」

（浅利の話、傍点筆者）

傍点部は加藤先生の期待だったのであろうが、「文学座」を辞めるということは、当時現代劇を志している俳優、演出スタッフの若者にとってはそう簡単ではない。特に「文学座」所属といえば舞台人として他の劇団とは一線を画す社会的信用があった。だが、浅利さんとしては加藤先生もいよいよ動き出したのだと思っただけだったと思う。

一九五三年七月十四日、劇団四季を結成したが、加藤先生の構想はその後、何事もなかったように過ぎていった。一方「四季」の方は、稽古場の問題、旗揚げ公演の演目の問題、貧乏の問題などで、他のことは考える余裕などなかった。ただ、加藤先生については、相変わらず体調が思わしくなく、年末に保養を兼ねて伊豆の温泉にということは聞いてはいた。だから依頼していた原稿は伊豆で書かれるのであろうと思っていた。

十二月二十二日深夜、加藤先生が自らを厳しく罰するような異様な姿で自裁しているのを、文学座アトリエ公演を観て夜遅く帰宅した治子夫人が発見する。

翌日その知らせを受けた時、最初に浅利さんの脳裡をよぎったのは大変！　と同時に俺たちの行動に何か？ということだった。加藤先生の死は、なぜか自分たちの行動にも原因があるのではないのかと悩んだのは彼だけだったのかも知れない。彼は日下武史には打ち明けたかったであろうが、公演前でもあり独りで耐えた。こうして旗揚げはまさかというように先生の追悼公演になってしまったのである。恩師の悲劇からわずか一カ月後の初日（一月二十二日）から二日後の楽日にかけて天候は荒れに荒れた。

ここから始めなければならなくなったことは四季創立メンバーにとって、言葉にならない重圧を背負わせられたことになった。しかしその〝なぜか〟は事が事だけに浅利さんの胸の奥深く秘められなければならなかった。

彼は考えた。加藤先生が話していた文学座の若手、有志が、先生と一緒に文学座を辞めることを、先生は少しも疑わなかったのではなかったかと。ところが年の暮れ近くになっても彼等の動きは一切なく、顔を合わせてもそんな約束事など全くなかったかのように見え、「おやっ!」と腑に落ちない気持ちになったとしたらどうだったであろうか。
加藤先生はその原因をまず自分に求めた。考えるまでもなく、それはあり得ることであった。自分は半病人である。いやもっと悪い。マラリアに怯え、肺結核に侵され始め、締め切りの迫った岩波の仕事(前年末に翻訳したミュッセの『マリアンヌの気紛れ』の関連)を持って逃げるように伊豆の古奈温泉に向かう。そして、約束の仕事を果たし、次いで劇団四季旗揚げ公演のパンフレットに「四季」の友人達=加藤道夫として、心からなる祝いの一文を書く。彼は何度も読み返しながら、これで「四季」の面々に力と勇気を与えることができるかどうかと考え始めて、自分が迷っていることに気づいたかも知れない。

「四季」の友人達=加藤道夫

数年前に僕はこの若い友人達と知り合った。友人達はその頃から演劇を志していた。その真剣な眼差しは遠い理想を追っていた。彼等は何時の間にか「四季」と云うグループを作り、演劇の実践を始めた。僕はサローヤンの「わが心高原に」やアヌイの「アンチゴーヌ」を観せて貰ったが、みんなの追い求めている光が、理想がほのみえて嬉しかった。僕は新鮮な芽生えを感じた。正しい道を進み始めている人達だと思った。

……

「四季」の若い友人達はおそれを知らぬ勇気と熱情の持主でもある。今日ほど演劇が新しい世代に希望をかける時期はない。新しい演劇の魅惑は新しい世代の努力に待つ所大きい。この時、冒険も亦力強い一方法である。

色々な事情で暫く解散していた（註1）「四季」の友人達がまた結束を固めて、此処に初めての公演を行う、と云う。心楽しいことである。（傍点筆者）

加藤先生はこう書いて、何度も読み返しながら、この「四季の友人達」と自分は遂に同じ舞台を創ることができないのだという思いがよぎったかも知れない。

文学座座員として後輩にあたる三島由紀夫氏は、加藤先生の死を一日遅れて知った。そして氏はこう日記に書いた。

一九五三年十二月二十三日（水）、前夜加藤道夫が自宅で縊死したことを、「毎日新聞」の日下令光から午後に電話で聞き、加藤宅に駆けつける。

（註1） 加藤先生は四季の活動が停滞しているのを解散と考えたのであろう。

その二年後「毎日マンスリー」九月号（毎日会館）に三島は「加藤道夫のこと」を書く。

加藤氏は戦争に殺された詩人であったと思う。その死は戦後八年目ではあったけれど、ニューギニアにおける栄養失調、そこからもちかへったマラリア、戦後の貧窮、肋膜炎、肺患、かういうものが、悉く因をなして、彼を死へみちびいた。……もしもう少し生き延びて、この状態を克服し、客観視する時が来たならば、この夢想家は、戦争と死のおそるべきドラマを書いたであろう。

私は何の誇張もなしに云ふが、生まれてから加藤氏ほど心のきれいな人を見たことがない。芸術家が自分の美徳に殉ずることは、悪徳に殉ずることと同じくらゐに、云ひやすくして行い難いことだ。われわれは、恥かしながら、みんな宙ぶらりんのところで生きてゐる。（後略）

（傍点筆者）

三島氏が加藤先生の死の二年後に「毎日マンスリー」にこれを書く気になったのは、この年の十月に文学座が『なよたけ』を上演することに決定したからである。

氏はもっと早く、加藤先生の生前にこの作品が上演されていればと思わないわけにはいかなかったのだ。加藤道夫の事情、その気持ちを十二分に知りながら生前上演の機会をつぶしてきた文学座という劇団に絶望的な怒りを覚えたからであろう。『なよたけ』は加藤道夫が出征にあたって書き上げた「青春の遺書」（三島由紀夫）であり、「朽ちぬ健康の物的証拠」（同）である。この美しい作品をなぜ文学座は取り上げなかったのか。上演していれば、彼は生きて次々に傑作を書いたであろうという作者に寄せる強い同情と文学座への怒りが三島氏を駆って、加藤道夫の心情を代弁せずにいられなかったのだ。

彼がこの世を去って二年、文学座で彼の上にどんなことが起こったのか氏にもようやくわかったこともあり、加藤道夫が他人を疑わない善意の人であり過ぎたことが彼自身を苦しめたのだと三島氏は理解したのであろう。

浅利さんは、恩師加藤道夫先生の死について、こう述べている。

加藤さんの死

加藤さんはいいひとだった。
加藤さんは僕らに、最初に劇の美しさを教えてくれた。演劇人としての、生き方を教えてくれた。自分を守り、自分を主張すること、そして拒否と、創造への渇望とを。

加藤さんは最後に、その仕事の苦しさと、自分が敗北した事を示しながら死んでしまった。

加藤さんは何にも傑作を書かなかった。ただ種を播いただけで、何も獲ずに死んでしまった。先生の死はみじめだったに違いない。

今更、先生の死を嘆くことは無益だ。死んだ人をいくら責めても仕方がない。僕達が出来る事は唯一つ、先生が希みながら果す事が出来なかった新しい演劇の魅力を創り、その光で彼の墓標を照らすのだ。

一九五三年は暗い年だった。あまりにも素直だった一人の詩人は死んだ。しかし、彼の名と、彼の言葉は永久に僕等の歴史の中に残るだろう。古きものへのその厳しい拒否の故に、新しいものへのその厳しい憧憬の故に。

幾年かの後、新しい世代の力によって舞台が再びその名誉を回復する時、彼の遺した者達によって舞台にさまざまの花が咲き開く時、彼の名は再び人々の記憶の中に蘇えり、彼の死は新たな涙をもって、真に弔われることになるだろう。

（『アルデール又は聖女』パンフレット、劇団四季）


これらが《前史》のあらましである。

劇団四季の旗揚げ公演にして加藤道夫先生の追悼公演は、あまりにもみじめなものだった。どう考えても悲惨としか言いようのない先生の最期を引きずってきた創立メンバーにとって、払いようもない重荷を背負ったひと月の稽古の後、初日の幕を開けなければならなかった。

関東の一月は寒い。二十二日〜二十四日までの三日五回公演は、おそらく金、土、日で土日は二回公演だったはずである。天気は急激に悪化していった。十二名になっていた劇団員たちはそれぞれに皆、悪天候に暗い気持ちになるのを見つめていた。日下武史は最終日の記憶をこう語っている。

三日間の公演で、楽は猛烈な雪になった。交通も途絶えて、終演後、線路の上を大雪踏みしめて帰ったんだけど、不思議なことに、それが明け方のような気がするんだ。雪明かりがすごく明るくて、だあれもいなくて、何だか白昼夢みたいにね。とにかく、何かやった、成し遂げたって感じで終わっているんだね。自分たちの理想云々なんていう芸術的レベルじゃなくて（笑）、もう無我夢中でしたよ。

（「ラ・アルプ」一九九七年五月号、劇団四季）

根村絢子氏（演劇評論家・作家丸谷才一氏夫人）は後にこう記している。

外では粉雪が舞っている寒い午後で、客席に置かれたあわれなストーブから洩れる、いがらっぽい煤煙に悩まされながら、私は最後まで観ました。お世辞にもうまいと言えなかったが、熱演の合い間になんとなく知的な雰囲気が漂っていて新鮮な魅力があったからだと思います。でも観客は数えるのが気の毒なくらいしかいませんでした……

（「劇団四季創立二十周年記念パンフレット」越見雄二編集、日本ゼネラル出版、傍点筆者）

傍点の寒い午後とは、昼公演を観ながら時折ひび割れた哀れな石炭ストーブが噴き出す煤煙に悩まされながらも、ストーブから離れがたいほどの寒気だったのであろう。この時「観客は数えるのが気の毒なくらい……」とは、夕方に終わる頃にはもうかなりの降雪で、終演後はびっくりする大雪で都電も止まっているという日下武史の話から、夜公演の観客は数えなくてもわかるほどだったと思われる。

劇団「四季」の旗揚げ公演は、このように何から何まで厳しい条件の中で終始した。「七月十四日」を創立日とした新たな演劇運動は、このようにして始まったのである。

また浅利さんはこの上演作品『アルデール又は聖女』について、こう述べている。

『アルデール』はむずかしい芝居です。……

そして肝心なことは書かなかったと述べている。喜劇もあり悲劇もある、ややハチャメチャな見かけの筋を通してアヌイが言いたかったことは、お客様ご自身の楽しみにしてほしいと……。

『アルデール』について重要なことは何も書かなかったつもりです。一番重要なことは、僕達みんなで創った舞台が必ずみな様に語りかけてくれるからです。

（『浅利慶太の四季 著述集2』浅利慶太著、慶應義塾大学出版会）

彼がパンフレットに、このようにしか書かなかったのは演出者の「言葉」を読んで批評する評論家がその頃は多かったこともあるが、加藤先生の追悼公演でもあり、書こうとすればすべてが恩師の最期の想いにかかわってくるように思われたのであろう、と筆者は考えたものだった。

アヌイ・ジロドゥ劇団と揶揄《やゆ》されることになる一番初めの作品は、こうして苦く切なく悲しく悔しい思い出となったが、その五カ月後（一九五四年六月）に第二回公演『アンチゴーヌ』を上演する気力と勇気を奮起し得たのは、恩師の希《こいねが》いとともに、新しい演劇を目指そうという悲願を見つめていたからであろう。


ここで特筆すべきことを述べておきたい。それは、旗揚げ公演直後に美術装置家の金森馨が、文学座より移籍したことである。彼の参加で、四季はパッと明るくなった。金森は文学座の研究生だったが、加藤先生の薫陶も得、浅利さんと年齢もかかわらず議論は噛み合い意気投合した。『アルデール』の助っ人として手伝ったあと、そのまま居座ったようなものさ」とは生前の彼の言い草であった。浅利慶太と金森馨、そして照明デザイナー吉井澄雄を加えた運命的最高のトリオがここに誕生したのである。

文学座で神童と言われていた彼は面白い男で、靴下を左右色違いの赤と青にしたり、黄色と赤などにして注目させ、筆者が入団した頃は稽古場でのパーティーでは準劇団員たちがツイストを踊りだすと、金森はその中に入ってこれは場末のツイスト、横浜のはこうだ、などと解説をしつつ猛烈な動きで狭い稽古場を縦横無尽に切り裂き、さっと席に戻る。やんやの声が掛かり拍手喝采となる。氏は舞台装置の才能と人柄によって「四季」の元気印となった。

記念公演に続く第二回公演は先に述べたように五カ月後、『アンチゴーヌ』（ジャン・アヌイ作）となり、一ツ橋講堂で行われた。この公演で十万円の純益をあげたと二十年記念パンフレットに記されている。入場料が一〇〇円であったから有料入場者は三日五回公演で一〇〇〇名。おそらく学生の観客が圧倒的に多かったと思われる。

『アンチゴーヌ』はギリシャ悲劇『アンテイゴネ』（ソフォクレス作）に取材して書かれたアヌイの傑作である。王権に反抗し、自ら死を望む王女、悲劇の王オイディプスの娘は、叔父のクレオン王の政治権力維持のやり方を徹底的にこきおろし、死に向かっていくのである。

ドイツ占領下のパリでこれが初演された時、客席をぐるりと取り囲み威嚇するドイツ兵をものともせず、会場は盛大な拍手と歓声に包まれたと伝えられている。命がけの抵抗だった。

旗揚げ公演でアンチゴーヌとクレオン王の激論を真っ先に若い観客に観せたかったが、敢えて第二回公演に回したのは、合併前の東大劇団「方舟」が上演し、日下武史や水島弘、井関一らが出演していたからである。結果的に『アンチゴーヌ』を次の公演にした判断は正解だったのである。

この頃の浅利さんは、自分たちの新しい演劇のための運動をどのようなやり方で切り拓いていくかについて明確なスケジュールはまだしっかりとは固まっていなかったと思われる。しかし、次の第三回公演にジロドゥの『間奏曲』を取り上げ、上演したことで、あることに気づいたように思われるのである。音楽劇の要素と、喜劇的でもあるものが全国公演には受けるのであろうと。創立五周年ではジロドゥの三作品『永遠の処女』『アンフィトリオン38』『間奏曲』を連続公演し、初の都市公演とも言える甲府市・新潟市・宇都宮市、三都市計四回公演の演目は『間奏曲』だったからである。

『アンチゴーヌ』のパンフレットで、劇団四季は以下のレパートリーを発表している。ジロドゥの『アンフィトリオン38』『間奏曲』『トロイ戦争は起らないだろう』『オンディーヌ』。アヌイの『野性の女』『ひばり』『城への招待』。コクトオの『円卓の騎士』。グリーンの『居間』。モーガン『脱出路』。とアヌイ、ジロドゥ以外の作品も挙げている。

また、最終的には創作現代劇の確立が四季の使命であると強調していたが、師の加藤先生の影響による「四季」の演劇観と当時の日本の書き手の演劇観とのずれは、いかんともし難いものがあった。

第一回公演から四年後（一九五八年十二月十六日）に、第一回創作戯曲公募を発表（賞金十万円）。これには二十数編の応募があった。その中から早川久子[20]「相聞」と山崎正和[21]「呉王夫差」が残るも、上演作としての入選はなく、第一席の早川久子氏に金一封を贈ることでこの試みは終わった。

創作戯曲公募がこれだけで終わってしまったのは、この公募の翌年八月にメンバーの様々な不満から劇団は、運営委員制度（互選）をとることになり、浅利さんは運営から手を引き、演出に専念することになったからでもあったが、同時に彼等メンバーは劇団運営は単純な民主主義では元も子もなくすことを知ることになる。

第一回の戯曲公募は、入選作なしで終わったが、その翌年一月早々、浅利さんは運営・企画の中心に復帰するや否や、第一次作品委嘱に既成の劇作家、小説家、詩人など七名を選び書き下ろしの新作を委嘱した。そのうち四名が作品を書き上げ、上演することになる。

石原慎太郎『狼生きろ豚は死ね』、寺山修司[22]『血は立ったまま眠っている』、谷川俊太郎[23]『お芝居はおしまい』、矢代静一[24]『地図のない旅』。残念ながらこれらの上演は、筆者の入団以前に終わっていた。四作品はそれぞれに意欲的作品だったようである。後に筆者が四名

20　早川久子（劇作家・脚本家）
21　山崎正和（劇作家・評論家・演劇研究者）
22　寺山修司（俳人・歌人・劇作家・映画監督・劇団天井桟敷主宰）
23　谷川俊太郎（詩人・翻訳家・絵本作家・脚本家）
24　矢代静一（劇作家・脚本家・演出家）

の作家の特徴と題名から、説明されなくても誰がどの作品を書いたのかわかるところが面白いなあと言って笑いをとった。

彼はこれら四作品の創作劇連続公演に取りかかることになる。その後「四季」の変化は目まぐるしくなってくる。

筆者が一九六二年に入団して間もなく、稽古場の一部をベニヤ板で囲った狭い事務所の背後の棚に山崎正和氏の「呉王夫差」のガリ版刷りが一冊あるのを見つけて読んだ。第一回創作戯曲公募の話を聞いていたからである。そして、読み合わせだけでも、わかることはあったはずだと思ったものだった。なぜ彼がそうしなかったのかよくわからなかった。作品選考中、彼が運営委員でなかったことを知らなかったのである。

「呉王夫差」には彼の演劇観と共通するものがあるような気がしたのである。日が経つにつれ、もったいないことをしたと思っていた。後に二人が対談したことがあったように記憶しているが、それ以上の付き合いはなかったように思う。山崎氏が学者タイプの評論家、劇作家であったところがウマが合わなかったのかも知れない。が、やっぱり残念だった。

話を『間奏曲』に戻そう。劇評家遠藤慎吾氏は〝この戯曲を読んでいなかったので観に行った〟らしいのだが、なかなか面白かったと書いていた。読んでいないので観に行ったと述べているあたりに、当時の批評家の考え方がわかるような気がする。

「……いい戯曲とまじめにとっくんで稽古をつめば、たとえ足取りは遅くとも、俳優も正しい進歩の道をたどって行けるのかな、などと考えた」

(「悲劇喜劇」一九五五年二月号、早川書房)

遠藤氏は、この頃五十歳前後、明治の終わり頃に生まれた人であるが、ジロドゥの理解者になるかも知れないと考えたのは浅利さんの即断だったかもしれない。「幽霊」が現れたり、子どもたちが幽霊や青虫とさり気なくあたり前のように交歓するのが面白かっただけかも知れない。子どもたちのこの自由さは、特別な存在であるイザベル先生の世界観のせいなので、そこを遠藤氏がどのように理解されていたかである。彼女は視学官に次のように答える。

イザベル「視学官様、わたくしはこの子どもたちが、自然は正しくないと思いこんだりしないように注意しているのです。大きな災害もすべて、たしかに残念なことではあるけれども、全体として満足な宇宙ができあがるためには、必要なことなのですと、子供たちに教えています。またこういうわけで、災害を起こさせる力、精霊を、舞台監督と名づけているのです！」

（『ジロドゥ戯曲全集2』ジャン・ジロドゥ著、岩瀬孝・西村熊雄・梅田晴夫訳、白水社）

当時フランスで新進の文芸評論家と言われていたR・M・アルベレスは、その著『現代作家の叛逆』（中村眞一郎訳、ダヴィッド社）で、ジロドゥについてこう述べている。

「……彼ほど大きな角度の視野に立っていた詩人は一人もいない。ジロドゥは、世界を三五九度の角度から眺めており、わずか一度だけが神の神秘に残されているのである」

加藤道夫先生はこのジロドゥに、ジロドゥが紡ぎだす世界に、日本で一番初めに魅惑され憧れた劇詩人だったのだ。

『間奏曲』は自然の中で少女たちと森羅万象が微笑み合い、歌と踊りに笑いさざめく地上の楽園を見せる。それは、人間の生を宇宙の中でただ一瞬の輝きとして捉え、その奇跡を「間奏曲」とみなす劇詩人ジロドゥの宇宙観、世界観なのである。

ＮＨＫのディレクターとして芸術選奨文部大臣賞他多くの賞を受賞した吉田直哉氏は、学生時代、東大新聞部の編集をしていた頃、加藤道夫先生についての忘れられない思い出があった。

その頃、演劇雑誌「悲劇喜劇」に掲載されていた加藤先生の論文を読んで衝撃を受け、大変憧れていたので一度会ってみたいと思い、お宅を訪ねたことがあった。その時のことである。加藤先生は訪ねてきた吉田氏に『間奏曲』の薬屋とイザベルの会話を台本も見ずに、アテネ・フランセのフランス人の先生より美しいフランス語で薬屋の長い台詞を朗誦した後に続けて、薬屋とイザベルの会話を訳していった。

薬屋　「……さあ、このひと時の名を何と言います？」（それだけで万事はととのうのです。）

イザベル　「大きな声で言いますの？」

薬屋　「そう」（、みんなに聞こえるようにです……。）

イザベル　「黄昏と言うんだそうですわ」（昔おそわったんですけれど。）

（『ジロドゥ戯曲全集２』、（　）内は欠けている台詞）

直哉　ここまで訳した途端、加藤先生はワッと泣き出したんです。僕はビックリして、言葉もなくその様子を見ているだけだった。加藤さんは、「ここで、魔法の杖をひと振りしたように次元が一変するんだ」と。つまり、形而上の世界に入るということなんですね。「ジロドゥは形而下と形而上の世界を瞬時に往復できる。これがねえ、僕なんかにはとても書けない」と、そうおっしゃるんです。……

この日、吉田夫妻（ともにNHKディレクター）の『間奏曲』愛はとても強く、次のようなお話も。

節子　その頃NHKは、内幸町にあったんですが、通りを隔てて真向いに、NHKもしょっちゅう公開番組をやっている飛行館ホールというのがありました。……そこでジロドゥの『間奏曲』が上演されることを知ったんです。これはもう、どうしてもと思って、……

――お二人で見にいらしたのですか？

直哉　いいえ。僕は嫉妬があって行かなかったんです（笑）……だから、僕

節子　が初めて見たのは五六年の再演なんです。
……朝から晩まで仕事に追われながら、自分が求めてるものはもっと別の所にあるんじゃないかと、漠然と思っていたんです。そんな時、今までとは次元の違った、大きな宇宙観を持った芝居に出会ったんですね。俳優さんはもとより、演出の浅利さん、音楽の間宮芳生さん。それまでお名前も知らなかった方たちが作った芝居にほんとうに感動して、夢中で拍手していました。（後略）

直哉　あんな先生は滅多にいない。だから、浅利さんたち慶応高校のグループは、加藤門下ということで親近感もあったけれど、同時に男の嫉妬があったんです（笑）。しかし、第一生命ホールで『間奏曲』の再演を見たときは、なるほどと思って感服しました。

節子　やはり『間奏曲』が劇団四季の原点だと思います。ミュージカルもお芝居も全部含めて。あの作品をやることが、加藤先生の遺志を継ぐことになったんじゃないでしょうか。

（「ラ・アルプ」二〇〇〇年二、三月号、劇団四季）

2 創作劇連続公演と新劇場の誕生

一九六〇年の年明け早々、浅利さんが劇団の運営・企画の中心に復帰したことは述べた。その時の創作劇連続公演の企画実施について次のように述べている。

「私たちは、この日本の、この時代に関わる喜びを、苦しみ・哀しみを、希望・怒りを、この時代の倫理を舞台に描き出したいのです。一九六〇年代の日本の状況とそこに生きる人間のドラマ。これを生み出して正統な演劇の伝統を継承すること。それがこれからの私たちの創作活動の目的となります」

（「劇団四季創立二十周年記念パンフレット」）

そして、第一次作品委嘱（すべて書き下ろしで石原慎太郎・寺山修司・谷川俊太郎・矢代静一・河野典生[25]・山川方夫[26]・坂上弘[27]の七氏。うち、石原・寺山・谷川・矢代四氏の作品を上演。河野氏「他人の城」は一幕のみ完成。山川・坂上両氏は執筆に至らず）。

その結果、石原氏・寺山氏・谷川氏・矢代氏の作品を順次本公演にということになった。

25　河野典生（小説家）
26　山川方夫（小説家）
27　坂上弘（小説家）

第十九回公演＝創作劇連続公演第一作『狼生きろ豚は死ね』（石原慎太郎作、「中央公論」一九六〇年五月号所載）は話し合いを積み重ね、稽古と並行して改稿につぐ改稿を経て石原慎太郎氏の初めての戯曲となる。一九六〇年五月六日〜十一日、都市センターホール。

文芸評論家中村光夫氏の劇評は次の通り。

「石原氏の戯曲は、坂本竜馬の死をきわめて放胆な手法で描いたもので、幕末の志士たちが現代青年のような言葉をしゃべり……この意識的アナクロニズムがかえって新鮮……」

（「朝日新聞」一九六〇年四月十九日付）

文芸評論家河上徹太郎氏の劇評は次の通り。

「坂本竜馬を中心に維新の志士の暗躍という手の混んだ人事交渉を描き、……明快で筋道がはっきりしていて、例えばスポーツの模範試合でも見るようにテキパキ運んでいる」

（「読売新聞」一九六〇年四月二十三日付）

第二十回公演＝創作劇連続公演第二作『血は立ったまま眠っている』（寺山修司作、「文學界」一九六〇年七月号所載）は、二十五歳の前衛詩人寺山修司氏のデビュー作。ドラム缶や便器のころがる舞台に、ブルース、マンボが流れる異色作。題名が既に寺山氏の詩想を語っている。一九六〇年七月七日〜十二日、都市センターホール。

「演劇のヌーベルバーグともいうべき、ドライでストレートな感覚で描いたこの前衛的な詩劇はたしかに〝現代〟をとらえて強烈…。しかし、本質的なドラマ性というものが引き出されていない」

（「朝日新聞」輝　一九六〇年七月十一日付）

第二十二回公演＝創作劇連続公演第三作『お芝居はおしまい』（谷川俊太郎作、「三田文学」一九六〇年十一月号所載）は、きわめて論理的で、きわめて衝撃的な前衛劇。水島弘扮する主人公は「きめられた芝居」を拒否して舞台上でおしゃべりを始め、大道具をこわし始める。一九六〇年十月十二日〜十四日・十八日・十九日・二十二日・二十三日、草月会館ホール。

「発想はなかなか面白い。しかし芝居を打ちこわして、よりよい芝居へというねらいはわかっても作品的には腰くだけに終わっている」

（「東京新聞」中　一九六〇年十月十五日付）

この作品は上演後〈ディ・ヴェルト〉紙により、ドイツに紹介される。

第二十三回公演＝創作劇連続公演第四作『地図のない旅』（矢代静一作、「新劇」一九六〇年一月号所載）は、戦争に人生の地図を奪われた一人の小市民の精神の荒廃を描く。矢代静一氏が現実と取り組んだモニュメンタルな作品。一九六〇年十一月二十五日〜二十八日、都市センターホール。

文芸評論家村松剛氏の劇評は次の通り。

「アイロニカルな眼と、青春への哀惜と、両者の保つ均衡が、この青春のうたを美しいものにする。同時にまたその努力が、……一つの文明批判にまで、たかめているのである。……それはまた僕自身を含む世代にとっての貴重な証言といえるだろう」

（『地図のない旅』公演プログラム、劇団四季）

創作劇連続公演は、文学界、演劇界に多くの話題を提供するも、公演は赤字続きで終わる。

この年（一九六〇年）は、浅利さんにとっても劇団四季にとっても強い覚悟で臨んだ一年であった。連続創作劇の劇作家は矢代氏唯一人で、あとの三氏は二時間以上の芝居を書くのは初めての方々と考えてよく、上演台本にするために作者・俳優・演出スタッフもかなりの時間を必要としたはずである。その上、創作劇の間を縫って、第二十一回公演『ひばり』（ジャン・アヌイ作）が創立七周年記念公演として行われた。

記念公演は三年ぶりの再演で、配役の変更も一部にとどまり、全員が余裕をもって舞台を作り上げた。お客の入りもよく、一回日延べになり、メンバーは少し明るくなった。その他、石原氏の『狼生きろ豚は死ね』の大阪初の長期公演があった。これが九月三日～九日の七回公演。次いで東北の釜石市公演が九月十七日。東京へ戻り、十月十二日からの創作劇第三作『お芝居はおしまい』の稽古である。日下・水島・井関・藤野は『ひばり』にも『狼生きろ豚は死ね』にも出演していての『お芝居はおしまい』の稽古であった。しかも、日下・水島・藤野は、二作品が十月二十三日に終わると直ちに十一月二十五日初日の創作劇公演第四作『地図のない旅』の稽古が始まるのである。こう書いていて、筆者は思うだに胸が苦しくなった。映画やテレビドラマではない、舞台なのである。

届いた原稿をコピーし、手分けをしてガリ版を切る。印刷製本して配り、読み込み、作者と話し合いをし、台本を完成し、本読みに入る。読み合わせをしながら作者・演出家・俳優の話し合いで調整が続く。そうしてやっと本格的な稽古に入る。『ひばり』以外はだいたいこのような経過をたどって舞台稽古・初日を迎えたのである。

この作業をしながら、彼にはもう一つ、ひょっとすると当たりクジかも知れない一枚のクジを握っていた。石原さんとの友情から生まれた本格的劇場との出合いである。石原さんとの出会いは当時の政治不信、社会不安からだった。

創作劇連続公演の企画で上がってきた四作品はどれも当時の日本社会を背景として芽生え、書かれたものだったが、石原さんによってもたらされたものは夢ではなく現実だった。石原さんの『狼生きろ豚は死ね』、寺山氏の『血は立ったまま眠っている』、谷川氏の『お芝居はおしまい』、矢代氏の『地図のない旅』はそれぞれが、時代の不毛と混乱を映したものだった。

その混乱の原因一つが「政治不信」である。日本は独立国ということではあったが、その実アメリカの言うことに従う属国に過ぎないと青年たちは考えていた。労働組合も、民主団体といわれる多くの団体も一九六〇年代前後は闘争中であり、それを横目で見つめつつ日本株式会社は大企業重視の政策をとり、農林漁業や零細な製造業や小・中規模の企業は生かさず殺さずで、政権党の総裁は、「高度成長」「所得倍増」あるいは「岩戸景気」などと言いながら、いびつな経済政策にはシカタガナイとうそぶいていた。

そうした日本の成長戦略が、例えば一九六〇年の日米安保条約改定なのであり、その条約を阻止しようという労働組合や学生、民主勢力の実力行使を未然に抑えるための警職法（警察官職務執行法）改正が国会の議題にのぼっていた。これを「表現の自由」への脅威と捉えた新進気鋭の文芸評論家江藤淳氏が初めに相談したのが浅利慶太だった。二人は一九五五（昭和三十）年十二月号「三田文学」において、江藤氏は「夏目漱石」を発表し気鋭の文芸評論家となり、浅利さんは「演劇の回復のために」を発表し、新劇界からはけむたがられながら新たな演劇運動の旗手としてデビュー。二人はそういう仲であった。

警職法改正反対で意気投合した二人は、同年代の文学、演劇、音楽、映像作家に呼びかけることにした。呼びかけに応じたのは、大江健三郎[28]、石原慎太郎、谷川俊太郎、寺山修司、城山三郎[29]、開高健[30]、福田善之[31]、武満徹[32]、黛敏郎[33]、羽仁進[34]、吉田直哉[35]、永六輔[36]などの諸氏であった。これにより一九五八年十一月「若い日本の会」を結成。警職法反対の声明を

28　大江健三郎（小説家・ノーベル文学賞受賞）
29　城山三郎（小説家）
30　開高健（小説家）
31　福田善之（劇作家・脚本家・演出家・俳優）
32　武満徹（作曲家・音楽プロデューサー）

出す。

一九六〇年の日々はこうして五本の戯曲を舞台に乗せることと、「若い日本の会」の会合のスケジュールをこなす中で、新たに建設される本格的劇場について、のアドバイスばかりではなく、劇場そのものの運営をすることになろうとは、その時点では全く考えてもいないことだった。ただ、この劇場が完成すれば、『オンディーヌ』が、恩師の夢を受け継いだ自分たちの夢、師と弟子の二代にわたる夢が理想的な形で実現するかも知れないと心を躍らせていた。もちろん、その後の戦略はいよいよ緻密になっていった。

そんな夢の切符を運んできたのは繰り返すが石原さんだった。日本には劇場がない。ホールはあるが、演劇、オペラ、バレエのための劇場がないと常にコボしていた浅利さんに、「若い日本の会」結成以来、気が合い、新しい友人となっていた石原さんが、ある日「ちょっと俺に付き合え。東急電鉄の五島昇社長に会いに行こう。財界で文化的な話がわかるのは五島さんだけだ。君の劇場の話だよ」と言う。渋谷東横の映画館を一つ劇場にしてもらう交渉だというのである。一九六〇年春のことだった。

五島社長は、石原さんが紹介する浅利慶太の名を聞き、名刺を交わしながら私の親父と同じ名ですねと笑った。五島社長の厳父は一九五九年の八月に亡くなっていたので、彼等

33　黛敏郎（作曲家）
34　羽仁進（映画監督）
35　吉田直哉（演出家・テレビディレクター）
36　永六輔（放送作家・作詞家）

が訪ねたのはそのほぼ半年後のことだった。五島慶太氏は東急電鉄の創業者であり、強引な商法から強盗慶太と仇名《あだな》されていた。しかし、西の小林一三（阪急東宝グループの創業者。阪急百貨店・宝塚歌劇団など）、東の五島慶太と呼ばれるほどの壮大な企業イメージを持って事業の拡大を図った財界屈指の人物だった。その長男が五島昇氏であり一九五四年、三十八歳の若さで大東急コンツェルンの総帥となっていた。

浅利さんが書き残したものによれば、この日の五島昇社長は彼に親愛の情を示したように思われる。特筆すべきは、彼が年長者にことのほか好かれる魅力も持っていたことだ。それは少年の頃、母を失い、唯一頼りの姉、女優の浅利陽子[37]を失う。父はいつも不在で他人に言えない哀しみや苦労を経験したからであり、青年になっていっとき母方の叔父、東京田辺製薬社長の秘書を経験したからかも知れない。彼は基本的には情の人でもあり、立ち居振る舞いのTPOが身についていた。

彼を紹介する石原さんの口調は率直そのものだった。まず、その日訪問した目的を明確にする。それは、オペラ、バレエ、現代演劇のための本格的劇場が何としてもほしいということであった。

はじめに浅利君の演劇的環境から紹介したく思います。歌舞伎俳優の二代目市川左

37　浅利陽子（浅利慶太の姉。前進座の俳優、思想上の悩みから自裁）

團次の甥に当たるのが浅利君の父鶴雄氏。氏は慶応大理財科の学生時代、叔父の二代目左團次と小山内薫[38]が創設した「自由劇場」運動を助け、卒業後は帝国劇場勤務。大震災で帝劇焼失後、築地小劇場の創立同人六人の一人として参加。後、松竹の訪ソ歌舞伎団の先乗りを単独でこなし、モスクワ公演を成功させる。その後松竹の大谷竹次郎社長の秘書として松竹映画の近代化に力を尽す一方、水の江瀧子等を育てる。その後浅草国際劇場の初代支配人として活躍。そういう鶴雄氏の長男に生まれた浅利君は三歳の時、養子含みで二代目左團次の家に預けられたこともあった。

というようなことであった。「この時、石原が俺の顔を見たので、目が細く、一重で切れ長の歌舞伎面をしていると言うのではないかと思い、オイ、やめとけと思わず声に出しかけた」と、笑いながら話していたことがあった。

石原さんは続けて、およそ次のような話をした。

浅利君は慶應高校時代に運命の人に出会います。その人は敗戦直前に通訳としてニューギニアの前線に配属され、マラリアと栄養失調でボロボロになりながら九死に

38　小山内薫（劇作家・演出家・批評家）

一生を得て帰国し、母校慶應の英語教師となっていた加藤道夫先生。先生はその後、文学座の文芸部員として新進の劇作家、演劇評論家として活動、特にフランスの劇作家ジャン・ジロドゥの信奉者であった。この先生の自宅で浅利君一党の諸君がフランスの新しい演劇の話を聴き、作品を通して、いかに現代日本の新劇が誤った道を歩いているかを知る。他にも同じように加藤宅へ聴講に来ている数人の東大仏文の学内劇団「方舟」の諸君がいた。二組の学生たちは浅利君のリードでともに理想のプロの劇団を作ろうと一九五三年七月十四日を創立記念日とし、劇団四季を作り、今日まで七、八年やってきた。だが、ここでどうしても現代演劇に足りないものがあることに気づく。やっぱり本格的劇場がなくては俳優を育てることは難しいし、舞台表現も単調になる。オペラもバレエも同様です。最も庶民的なこれらのジャンルのための劇場に我が国がやる気を起こさないのは、国会議員も官僚もそういった文化的なことにほとんど興味を持っていないからで、何度陳情しても何時まで待っても埒が明かない。このままではアジアの中でも最下位の環境で笑われるだけである。そこで財界で最も文化に理解のある五島社長にお願いして渋谷の東急会館にある映画館を一つ劇場にしてもらえないものかと……。

「今の日本経済には君たちの道楽につき合う余裕はまだない。しかし気持ちは分かったから考えておいてあげる」

（『時の光の中で──劇団四季主宰者の戦後史』浅利慶太著、文藝春秋）

五島社長のキッパリとした実務的な明るさに、思わず期待した。そして待ちに待って待ち焦がれた夏のある日、五島さんからの連絡が来た。あの日から三カ月余り経っていた。

「日本生命が新しい本社屋を建て、その中に劇場を計画している。設計と設備のアドヴァイザーを探しているので社長の弘世さんに君たちを推薦しておいた。会いに行きなさい」

（『時の光の中で──劇団四季主宰者の戦後史』）

これが浅利さんの生涯の目標への道をほぼ決めた。宝クジはこの時点で当たったと考えていいのだが、日本一の生命保険会社、しかも大阪に本社がある日本生命が自分たちの願いをどう受けとめてくれるのか、甘くないと考えていた。無論、用心深い彼は、この友情いっぱいの当たりクジの芽を急がずつぶさないようにと、先延ばしにして大切に保管することにした。

弘世現社長とは東京の事務所で会ったのだろうと思うが、日比谷の現場にも行ったはずである。これ以上ない立地条件の、その角地に本格的劇場が姿をあらわすのだ。五島社長の推薦である。弘世社長も大人物である。五島社長の説明で了解しており、あとは互いの夢を語り合うことになったのであろうと想像したものだった。

劇場の設備や舞台裏の使い勝手のよさ、使う側の利便性は重要である。それらについては四季の照明家吉井澄雄を中心とする若い技術者が行い、楽屋と舞台の位置関係などは創立メンバーの俳優の意見を尊重することにした。

設計は芸術院会員の建築家村野藤吾先生で、戦後初の本格的劇場の基本設計は既にあがっていた。彼をはじめ劇団四季の技術者は皆同じ気持ちでこの劇場に祈るような思いを込め、必死に勉強した。これが縁となり、浅利、石原の二人は日生劇場に深く結びつくことになる。

この時点では完成後の劇場が単なる貸劇場か、自主運営かは明らかになっていなかった。彼の危惧はただ一つだった。これだけの劇場が単なる貸劇場になることだけはなんとしても避けてもらいたかった。

ニューヨークのマンハッタン区アッパー・ウエストサイドにあるリンカーンセンター総

合芸術劇場は、年間相当額の公の補助金によって安心して自主公演ができると、その頃聞いていた。親会社の日本生命は、生命保険という縛りがあって多額の助成をできないのかも知れないが、聞いていた当時の感覚で言えば都内の学童の情操教育に年間三億円ほどの経費を使うらしい。情操教育プラス日本生命本業の日常的宣伝費と考えることも可能なわけで、そうであれば劇場の赤字補填ではなく文化的催事を助成することはできるのではないか。その点では無知な筆者などの考えはその程度のものであったが、やり方次第では開場の数年後には黒字にできると強い自信を持っていたのは浅利慶太であった。

だが、劇場が完成する中で、不安も膨らんでいた。これほどの劇場を単なる貸劇場にはしまいと思いつつ自主運営を勧める根拠として、都内の各劇場、貸ホールのデータの収集と分析の必要にかられていた。日本生命内部に、劇場経営に反対の役員他が存在していることがわかったからである。貸劇場になれば賃貸料は一日一〇〇万円にはなるだろう。

「弘世氏とはじめてお目にかかった日、私たちは長時間にわたって、劇場の設備、劇場の経営、劇界の現状をあらゆる角度からお話ししました」

「日本の劇場の設備は古く、ほとんどが関東大震災以後新しい設備をとり入れていないこと」「世界の劇場設備の進歩の度合い」「合理化された経営システムは必ずしも採算がとれない仕事ではないこと」
この説明に対し、弘世氏は終始沈黙していました。
「うん、うん、なるほど――そうですか――なるほど」
これが氏のただひとつの反応でした。

（中略）

別れ際に弘世氏が言った言葉はこうでした。
「……皇居を控えたあれだけの場所に、五十年後に使いものにならない劇場を建ててしまっては、将来もの笑いのたねになりますからね。保険会社の人間はいつでもこういう風にものを考えるのです。あなた方の力を借りる時が来るかもしれない。そのときは協力して下さい」（後略）

（『ベルリン・ドイツ・オペラ』パンフレット、日生劇場）

後にアドバイザーとして設計者の村野藤吾先生にお会いすることになった時、二人は劇場の利用者として、この劇場の魅力をより以上に発揮するための具体的な多くの案を要望した。

村野藤吾先生は日本芸術院賞受賞者で、日本芸術院会員であり、日本建築学会会長を歴任し、イギリス王立建築学会名誉会員にしてアメリカ建築家協会名誉会員でもあるという日本建築学界の第一人者であった。若い浅利さんたちはそれを充分承知の上で、しかし肩書に威圧されては重要な役割を果たせなくなる。劇場オーナーの弘世氏にも笑われる。劇場として必要なことは確実に申し上げなければならなかった。

建築家としては苦しい注文だったと思うと彼は後に述懐していた。そういう雰囲気の中で、日生劇場のほんの少しの不具合にも目を凝らす四季の技術者たちは、舞台袖のわずか三十センチメートルばかりの問題にいたるまで細心の注意を払い、村野先生はそのほとんどを聞き入れてくださったと述べている。

これらの苦労話は一九九九年七月から大晦日までの間に『浅利慶太の四季』として出版された四巻本の「著述集3」に詳述されている。

劇場建築工事の進捗に伴う時時刻刻については四季の出向者から断片的に聞かされていたが、四巻本に収められた劇場関連の内容からはかなりの緊張の中で、成り行き任せではなく、「劇場部分」に関してはリーダーシップを発揮する彼の意思が手に取るように理解されたものだった。彼はジロドゥの『オンディーヌ』上演を具体的モデルとして、劇場の隅々に劇場の技術者とすべての事案を共有するための注意を喚起していたように思われた。

一九六二年四月入団の筆者が日生劇場のこけら落としの話を聞いたのは、第二十八回公演『エレクトル』（ジャン・ジロドゥ作）が終わった七月の下旬だった。先輩の演出部員の音頭で鎌倉の材木座というところに海水浴に行ったことがあった。

「日生劇場のこけら落としは〝ドイッチ・オッパー〟に決まったらしい」

国電（現ＪＲ）の吊り革につかまりながら誰かが話すのを聞いた。日本生命会館（日生劇場）設立の正式な発表から一年になり、こけら落としまでにあと一年と少々という時期だった。

ベルリン・ドイツ・オペラにはオファーを出して既に一年、オペラ団の代理監督ゼーフェルナー教授から丁重かつ熱意あふれる返書が届いていることは聞いていた。

これ以後も手紙のやりとりは続き、「……往復された文書は百数十通。その一通一通が私たちを喜ばせ、失望させ、数限りのないエピソードを生みました」と浅利さんは『ベルリン・ドイツ・オペラ』パンフレット（一九六三年十月二十日）に記している。

大成功に至る金策の困難を最後まで諦めないぞと彼は、石原さんと駆け回った都内の企業や大阪の企業を思い起こしながら、世紀のこけら落としまでの一部始終を記録として記念パンフレットに収めたのである。この記録を泣かずに読んだ音楽ファンはいたであろうかと泣きながら思った。

初めて設計図を見せてもらった時彼は驚いた。舞台の奥行きの深さ、天井の高さ、舞台そのものの広さ、一三五八席は、日本では大劇場だったからだ。そして反射的にひらめいたのは、ジロドゥの不朽の名作『オンディーヌ』だった。

この劇場のオーナー弘世氏の長年の夢は、劇場によって子どもたちに夢を与えることだった。

五十年ほど前と弘世氏はおっしゃったと浅利さんが話したことは、弘世氏がニューヨークで生活していた時のことだった。

時間を見つけてはカーネギーホールやオペラハウスをのぞいていた。猛烈な円高だった。為替ルートが金解禁のため円高になってしまい、高い席で観られなくなり、一番安い座席で観たのだが、若いころ優れた芸術にふれたことがよかったと今でも思います。

戦後、日本はすっかり荒廃してしまい、若い人が物質面はもちろんのこと精神面でもずいぶん困っているだろうな、劇場を作って、いい音楽を聴かせ、いいお芝居を観せてやりたいな、と思いました。それともう一つ……東宝を設立し宝塚歌劇団を創設した小林一三さんが前から言っておられた。「君、劇場を作りなさいよ。ぼくたち応援するから」。

それで決心したわけです。そして、どうせつくるなら、りっぱな劇場を作りたい、と……

（「ラ・アルプ」一九八三年八月号〝弘世会長と浅利慶太との一時間〟、劇団四季）

この話は浅利さんが私たちによくしてくれた。新しい研究生が入ってくるたびにあらためて心に刻み込んだものだった。

建設が進む中で、彼はこの劇場の運営をどのようにするのかが未決のままであることに不安を抱いていた。まさかこれほどの劇場を貸劇場にはしないであろうと考えながら、弘世オーナーから求められていた都内の主な劇場、ホールの資料によって、貸劇場がいいか自主制作をとるのかを早めに決め、自主制作ならば人材を確保しなければならない。自主制作となれば何人かのプロデューサーと契約しなければならず、演劇にしてもオペラ、バレエにしても腕利きの人材は多くはなかったからである。

劇場経営のための検討資料は小型トランクにいっぱいになっていた。それを大阪本社の弘世オーナーに届け、概要をお伝えした。

それからしばらく経って、日本生命会館建設全体の進捗状況と劇場のこけら落としについての会議があった。浅利さんと石原さんは、こけら落としとなれば演劇はシェイクスピアでしょう。ならば福田恆存[39]氏、オペラならば吉田秀和[40]氏でしょうということになり、早速連絡を取ることになる。そんな中で、突然

「では君たちが中心になってやってみるか」

（『時の光の中で―劇団四季主宰者の戦後史』）

と五島氏が提案された。この案に、弘世オーナーそして役員として出資参加される野村証券会長の奥村綱雄さん、三井不動産社長の江戸英雄さんなどが賛同された。弘世さんは、既に提出していた東京の他の劇場・ホール・会館などの資料と個々の内容分析と結論について

「説明は分かりました。やってみるだけの価値はあることですね。ただ、誰がやるかが問題です。貴方がたが責任を持ってやってゆくつもりがありますか」

（『ベルリン・ドイツ・オペラ』パンフレット）

39　福田恆存（評論家・翻訳家・劇作家・演出家）
40　吉田秀和（音楽評論家・随筆家）

これには彼等も驚いた。

「まさに青天の霹靂」と記している。

この劇場のために全力を尽くすことは覚悟の上だったが、自分たち、ともに二十八歳の若僧が日本一の劇場を、責任を持って運営するなどということは全く考えていなかった。これはやりがいのある仕事だ。でも荷があまりにも重過ぎる。二人は何日間か冷静になって話し合った。何人かの人に相談もしてみた。反対する人が多かったと記している。結局、弘世さん五島さんの方が自分たちよりもずっと重大な責任をもって自分たちに任せてみようとしていることに気がつく。そこで覚悟を決めた二人は、二つのことをお願いして、お引き受けすることにした。

「第一におひきうけする以上、現場の仕事は私たちに一切おまかせ下さい。開場後数年の時間を下されば必ず軌道にのせるようにやってみます。第二に、私たちがあまり若すぎるために、この劇場の意義を一般に理解して頂くには、かなりの日がかかると思います。おふくみおき下さい」

「よく分かっていますよ」

（『ベルリン・ドイツ・オペラ』パンフレット）

弘世さんは答えた。五島さんは

「心配なことは一つだよ。芸術家は気まぐれなもんだと私は思っている。この仕事を軌道にのせるまでには、苦しい時期を一回や二回はくぐりぬけなければいけない。絶対にその時に逃げ出さないでくれ。これだけはよく承知しておいてくれ給え。それから、われわれは雑音には一切耳をかさないから心配しなくていい」

（『ベルリン・ドイツ・オペラ』パンフレット）

こうしたいきさつを経て一九六一年七月一日、株式会社日本生命会館（日生劇場）が設立され、正式に発表された。代表取締役に五島昇氏。以下、浅利慶太（制作営業担当取締役）、石原慎太郎（企画担当取締役）、寺田一夫（営業部－取締役）。同時に、吉井澄雄（技術部－制作部）、藤本久徳（技術部）、坂井赳（営業部）が入社。のち金森馨（デザイン室

―制作部)、沢田祐二(技術部)が参画。

「とうとう君たちとの付合いでやとわれマダムにさせられたよ。とにかくしっかりやってくれ。これは私の信念だが事業には天の時、地の利、人の和というものがある。日生劇場はこの条件にかなっている。あとは君たちの努力だ」

(『時の光の中で―劇団四季主宰者の戦後史』)

五島社長のこれが、劇場創立時の私たちへのメッセージだったと記している。まさに、創立後の劇場運営の厳しさをこのメッセージに託したものとして受けとめ、彼等は日生劇場をいかにして売りだすかを考え、その第一歩をこの夢のような劇場のこけら落としを演劇にするかオペラにするかの二者択一から始めることになった。

そして初めての弘世オーナーと五島社長の命令はこうであった。

「この劇場のこけら落としは、国際的な文化交流として歴史に残る行事にするように」

役員を含めて創立当時、十人に満たない日生劇場の現場スタッフは知恵をしぼった。

41 ローレンス・オリビエ(イギリスの俳優・映画監督、一代貴族。アカデミー賞を受賞し、シェイクスピア俳優としても有名)
42 ジョン・ギールグッド(イギリスの映画・舞台俳優、演出家)
43 リチャード・バートン(イギリスの舞台俳優。同時にイギリス映画界の代表的存在だった)

「しかし、世界の舞台芸術は大半日本に来てしまっている」

「残っていても超大物だ。しかも可能性は少ない。呼び屋さんが大勢いるのだから、できるものはやりつくしている」

「弱ったな」

「といっても弱っているばかりが能じゃない。時間はある。何しろこけら落としは二年先だ。やるだけのことはやってみよう。超大物のトップをあげてみてくれ」

「演劇では、イギリスのオールドヴィック・シアター」

「ローレンス・オリビエ[41]か」

「と、ジョン・ギールグッド[42]、リチャード・バートン[43]、クレア・ブルーム[44]、ラルフ・リチャードソン[45]」

「ハムレットで開場か」

「逍遥[46]以来の伝統だし」

「福田先生に相談してみよう。しかし実際問題としてはむずかしい。一九六四年は沙翁（シェイクスピア）四百年祭だし、六三年の秋は英国の名優は大半本国を動けない。無理かも知れないね」

44　クレア・ブルーム（イギリスの舞台・映画女優。ハリウッドの黄金時代から活躍を続ける最後のスターの一人）
45　ラルフ・リチャードソン（イギリスの舞台・映画俳優）
46　坪内逍遥（小説家・評論家・翻訳家・劇作家）

「音楽では？」

「ベルリン・オペラ座」

「フィッシャー＝ディスカウ[47]、クリスタル・ルードヴィッヒ[48]か——たいへんだ」

「イタリア・オペラどころのさわぎじゃない。一番の難物だね」

「誰に相談するのがいいかな」

「吉田秀和先生」

「みんな大物で、その国の政府の援助を期待しなければならない」

「一体いくらまでなら赤字が出せるんだろう。われわれの会社の資本金は？」

「五千万円」

「話にならないな」

「これだけ集めるのに弘世さんがどんなに苦労したと思う？　われわれの国は日本なんだよ」

「両社長の意見は？」

「こけら落としの公演にはある程度の赤字は仕方がないだろうということ」

「しかし開場までには創業費もかかる。だせる赤字の限度は知れているね」

「情けない話ばかりするな。肝心なことは、われわれは今、この太平洋沿岸で随一の

47　ディートリヒ・フィッシャー＝ディスカウ
（世界的なバリトン歌手でドイツ・グラモフォンにも優れた録音を多々遺した）
48　クリスタル・ルードヴィッヒ（ドイツの声楽家〈メゾソプラノ〉、オペラ歌手）

劇場を建築している、ということだ。その誇りは胸一杯もっていい。そのこけら落としに来演を乞うんだ。これは歴史に残ることなんだよ。外国の政府も芸術団体も理解と協力を示してくれると思う。弘世さんや五島さんのような人も日本にはまだいると思う。戦後経済は民間人の大きな力によって復興した。気骨のある人だっているさ」

「とにかくやるだけやってみよう」

（『ベルリン・ドイツ・オペラ』パンフレット）

彼等はこうして最後に世界最高のオペラ、日本初のベルリン・ドイツ・オペラ座をこけら落とし公演に選ぶことになった。

最初の計画はＮＨＫが主催したイタリア・オペラより多少大きい規模、つまり五十人内外のソリストによる公演だったと記している。これが甘かった。

秋に入るとオペラ団代理監督のゼーフェルナー教授から丁重かつ熱意あふれる返事が届く。この返書は、浅利さんたちを感激もさせ絶望もさせたと記している。

ゼーフェルナー教授の返書にはこうあった。

「こけら落としの来演招待ありがとう。是非東京公演は実現させたい。しかしオペラ座はソリストだけを連れてゆくことはできない。ドイツオペラの真価はコーラスとオーケストラ、そしてソリストのみごとなアンサンブルにある。全てを統合した演出の魅力にある。オペラ団は東京公演を重大な企画と考える故に完全なものをお見せしなければならない。全団員が東京公演に参加できるよう努力してほしい。私たちもドイツ政府に援助を申請し、最大の努力をしよう。政府も東京公演には援助を惜しまないだろう」

（『ベルリン・ドイツ・オペラ』パンフレット）

途方にくれながら、それでも何とかして打開策をと考え続けた。自分たちにとってあまりにも大き過ぎる計画だったが、今さら後戻りはできない。ドイツ・オペラに代わるものはなかったのである。そう考えた時、この巨大にして偉大なオペラ団の来演に食い下がり、努力することのやりがいに気づいた。彼はこう記している。

「人事を尽して天命を待つ」

浅利・石原は文字通りこのことわざを行動にうつし、東奔西走することになる。一方でオペラ団のゼーフェルナー教授との往復文書は彼の胃袋をキリキリ舞いさせることになる。だがそれに耐え続け、この困難を乗り越えなければ日生劇場の未来も、劇団四季の未来もないと考えた。人事を尽くしたのである。

後に彼は、この一年の間、二人の優れた経済人に適性試験をされていたのかと、自分の迂闊《うかつ》さ加減に笑いを抑えきれなかったと述懐していたものだった。

3　石原慎太郎さんのこと

石原慎太郎さんは二〇二二年二月一日に亡くなった。氏は生きているうちに様々な道楽をして死んだ。好色も文章もスポーツも政治もそして、死後も少しの間世の中を騒がせようと企み、『「私」という男の生涯』（幻冬舎）を書き残した。

氏は筆者が入団した一九六二年には既に劇団四季文芸演出部員であり、『狼生きろ豚は死ね』『幻影の城』の二作品を劇団四季の本公演で上演していた。一九六八年に参議院選でトップ当選し、文人政治家を気取ったインテリヤクザまがいの行為が紙面を賑わし、弟の映画俳優、裕ちゃんとともに石原兄弟の名は一世を風靡していた。この兄弟はどちらも活力たっぷりで、精悍な男の行動力が日本中の若者を魅了していた。

そんなことを思い出しながらの読後感を言えば、知らないことももちろん多かったが、中身はモテ男と言うか当人がいう好色男と美女の匂いがギッシリ詰まった自伝だった。

石原さん流に言えば、五島昇社長の日生劇場創立日のメッセージ、〝天の時、地の利、人の和〟に恵まれたもう一つの世界があったと豪語しているのであろう。そして自分の妻の死後にこれを世に出してほしいと遺言し、幻冬舎見城徹社長にこの絶筆を託したのである。ただし、この自伝に書かれている日生劇場にまつわる件は、やや乱暴で、石原節が輪をかけてアバウトになっているように思われるので、その点を指摘しておきたい。

宇宙の彼方へ行ってしまった石原さんには届かないが、生きている人には届くし、届いてほしい。

まず、初めての戯曲『狼生きろ豚は死ね』は、浅利さんが石原さんに、だったら君が書けよと言った結果である。

年明け早々に彼が再び運営・企画の中心に復帰し、直ちに正式に第一次作品執筆委嘱（すべて書き下ろし）を敢行。先に述べた七名に委嘱した。

その結果、早々に石原さんが書き上げたので、これを一九六〇年五月の第十九回公演とした。『狼生きろ豚は死ね』である。次に寺山修司の作品が上がってきたので、これを七月の第二十回公演とし、三人目は十月の谷川俊太郎『お芝居はおしまい』で第二十二回公演。最後は劇作家矢代静一の『地図のない旅』で十一月、第二十三回公演となった。

これらの作品は石原さんの本には、『狼生きろ豚は死ね』が意外な成功だったので、それがきっかけで谷川、寺山、河野といった顔ぶれが戯曲に取り組むことになったとあるが、これは石原さんの思い込みである。彼の『狼生きろ豚は死ね』が成功したのは事実といっていいが、谷川氏他の諸氏に対しても、浅利さんが特に可能性に賭けて委嘱したものだった。

石原さんの自伝は、この後がまた妙な書き方になる。日生劇場こけら落とし公演『ベルリン・ドイツ・オペラ』パンフレットの「ベルリン・ドイツ・オペラ実現まで」(約五十枚)は浅利さんの、ともに苦難の日々を走り抜けた盟友石原慎太郎との二人三脚の記念碑的記録である。この苦難にして栄光の記録を石原さんは読み返しもしなかったのだ。その折のオペラの演目まで堂々と間違っている。石原さんが記している『さまよえるオランダ人』は一九六六年の二回目の来日の演目で、こけら落としではなかった。正しくは『フィデリオ』『フィガロの結婚』『ヴォツェック』『トリスタンとイゾルデ』の四演目だった。

石原さんは高校時代、一年仮病を使っての登校拒否の間、東京に出かけ新劇やオペラを観て回っていたが、ある時、名女優と言われていた田村秋子[49]の『ヘッダ・ガブラー』が五〇〇人超の客を入れる小屋がないので、有楽町の有名な映画館を借り切って公演していた。だが、映画館のことなので舞台の奥行きは知れている。スクリーンの前に書き割りを立てのお寒いものだったと書かれている。

それからしばらくしてある日、評判の映画を観ようとして有楽町近辺の映画館を回ったらどこも満員で席がない。家に帰る時間の都合もあって次の回では間に合わない。次の日の大阪の講演の参考にしようと思っていたので何とかその日のうちに見たかったため、新聞の広告欄で確かめたら渋谷のパンテオン劇場でやっているのがわかった。急いでタクシーを拾って駆けつけたが、案に反して渋谷の劇場はがら空きだったと書いている。

ちょっと待ってもらいたい。〝それからしばらくして〟〝次の日の大阪の講演の参考に〟と書いているので、これはもう高校生の石原さんではない。少なくともそれから四、五年後の芥川賞作家石原慎太郎でなければならない。受賞後に、雑誌「経済界」の佐藤正忠氏の紹介で五島昇氏の取り巻きとなっていた。それらを全く無視して、〝それからしばらくして〟の十文字にそれらすべてを代弁させるのは石原さんの誤りだと思う。

……そこでふと思いついて後日、五島さんに突然面会し、いきなりとんでもない提

49　田村秋子（新劇女優。夫の友田恭助と築地座を結成。後に文学座の結成に参加。1950年『ヘッダ・ガブラー』主演）

案を切り出したものだった。それはあのあまりはやっていないパンテオン劇場を新劇のメッカにという申し出だった。……五島さんに会うなり、「あの劇場を少しの改装費をつけて私にくれませんか。そうすれば、あそこは日本で随一の新劇用の劇場になりますよ。そうなればプラネタリウムと並んで東京の名物になりますし、東急のイメージアップにもなるはずです。……」

五島さんはしばし考えてから

「なるほどそれは一つの案だな。分かった、あの活動小屋は君にやるよ。座席も五、六十削れば芝居小屋にはなるだろうからな」

（『「私」という男の生涯』石原慎太郎著、幻冬舎）

石原さんは〝鬼の首をとったような気持ち〟で、これで新劇も活路を見出すと〝心躍る思い〟でいたものだったが、それから数日して、とんでもない電話が五島さんからかかってきた。

「おい、あのパンテオンよりももっといい話があるぜ。……」

（『「私」という男の生涯』）

これが日本生命の本社ビルの中に劇場を造るという話で、この先は日本生命との話になっていくことになる。

筆者は『「私」という男の生涯』の『ヘッダ・ガブラー』からこの部分までの荒っぽさと内容が、どうも著者の記憶の創作か、記憶の拡大解釈とでもいうようにしか思われなかった。

読者はややもすれば、この登校拒否の高校生が田村秋子の『ヘッダ・ガブラー』を観た後、しばらくしてある日、評判の映画を知って、次の日の大阪講演会の参考にしようと有楽町へ観に行ったがどこも満員だった。それでタクシーで渋谷のパンテオン劇場まで行くとそこはがら空きだったので、ふと思いついて、後日、五島さんに突然面会してパンテオンを新劇の聖地にしたいと申し出たと読んでしまうかも知れない。

日生劇場こけら落としの記念パンフレットに、浅利さんが書いた「ベルリン・ドイツ・オペラ実現まで」の歴史的記録の書き出しはこうだ。

「こんなことじゃ、日本の舞台芸術はどこへ行ってしまうかわからない」

「日本の演劇史数十年の伝統の中で、二十世紀だけが空白の頁として残ることになのかも知れない。——死んでも死にきれないなあ」

　帰路を急ぐ人でごった返す夕暮れの渋谷駅頭、石原慎太郎と私はこんな会話を交わしました。一九六〇年春のことです。

こんな話の中に

「……結局は仏つくって魂いれずさ。芸術文化界の実状や未来まで考える企業家はいないね」

「いないとは限らないんじゃないか。若い実業家で」

「例えば……？」

「例えば、そうだなあ。五島昇」

「さあ、あの人にそんな暇があるかな」

「話だけは聞いてくれると思う。当たってくだけろということもあるよ。少なくとも良識と情熱はある人だと思うね」

「そうかも知れない。日本の政府や経済界に一軒の劇場すら維持する力がないとは思えない。また思いたくないからね」

十数日後、私と石原君は、東急ホテルの十階に五島昇氏を訪ねました。

（『ベルリン・ドイツ・オペラ』パンフレット）

日生劇場はこの会話から始まったのであった。

二人は、こういう真面目な話をしながら五島昇氏を訪問したのであって、石原さんの怪しげな話とは全く違うのである。

その日から三カ月後、と記している。あの話がもう過去のものになろうとした夏のある日、五島昇氏から連絡を受ける（石原さんは〝それから数日して〟と記している）。

「日本生命が日比谷に東京の本拠にするためのビルを建ててその中に劇場をつくるというプランがある。……」

（『ベルリン・ドイツ・オペラ』パンフレット）

こうして一年後の一九六一年七月一日、株式会社日本生命会館（日生劇場）が設立され五島昇代表取締役、他メインの弱冠二十八歳の二人の役員が発表された。その二年後、一九六三年十月二十日に『ベルリン・ドイツ・オペラ』のこけら落としとなる。

この間約一一〇〇日を超える二人の苦難の日々が四〇〇字詰め原稿用紙換算約五十枚に記されているのである。

三　浅利慶太の大計画

1　三島由紀夫氏のつまずき

日生劇場は大きな期待とともにオープンした。だが、こけら落としのベルリン・ドイツ・オペラの大成功に反し、日生劇場の記念すべき作品が次々と問題を起こしているのは辛かった。

千田是也[50]プロデュース・演出の音楽劇『ものみな歌でおわる』（一九六三年十一月二十日〜十二月二十五日）が、まさかと思う結果に終わったからだ。この舞台を庶民の健康なエネルギーの発散する若々しいものにと期待していた浅利さんの目論見は大きく外れた。

キャスティングは千田演出の俳優座を中心に衛星劇団と呼ばれる俳優座養成所卒業者が設立した青年座、三期会、新人会、俳優小劇場、仲間、などに劇団四季の藤野節子以下田

50　千田是也（演出家・俳優・デザイナー。初代俳優座代表）

中明夫、立岡晃[51]のベテランが三、四名と十名ほどの若手がアンサンブルで入っていた。

その一人、藤野節子が、楽屋で真っ赤になって怒り狂っていた。常々物静かな彼女にしては珍しいことだった。舞台は滅茶苦茶で、デタラメもいいところだったというのだ。

「あたしの役名ではなく、芸名で〝おのれ藤野節子！〟って言ったのよ。ドサクサまぎれに。何という人たちでしょう」

考えられる理由はいくつもあった。第一に、出演者たちにとってはこの豪華過ぎる日生劇場は金融資本の利益還元という宣伝のために建設されたものであったこと。

彼等は基本的に一カ月以上の舞台を同じ劇場で演じる経験はなかったはずで、しかもこの本格的劇場の公演に声をかけられた気分のよさを、金融資本の進出はアメリカの意向がどうのといった子どもじみたことを口にすることでごまかしていた。

そのため予想外に早いマンネリズムに陥り、自分が何をしているのかわからなくなり、心身の疲労が極限に達したこと。それが当人にもよくわからない形で出たのであろう。ことをあろうにふざけ始めたのである。ドタバタはそのようにして起こったように思われる。

その上、ギャラがからんでいた。出演料はいくらだ？　スタッフの話が聞こえていた。舞台監督として名を成していた彼は、演出料がこれこれであれば舞監の自分は少なくともその三分の一くらいかな、などと言えば、他の者はてんでに、ならば俺はその二分の一かと

51　立岡晃（劇団四季俳優・声優。1956年新人会より移籍。喜劇的な役を得意とした）

か、赤字になってもバックが日本一の生命保険会社なんだ。減額されたり先延ばしにされたりはないだろう。といった具合だったというのである。

捕らぬ狸の皮算用に、せっかくの舞台に集中できない連中の中で、主役の水谷八重子[52]や仲代達矢[53]は何を感じていたのか。二人の前ではつまらない話をしないといっても、同じ稽古場で二カ月の稽古をし、一カ月以上も広くもない楽屋と舞台をともにするのである。耳も目も鼻も利く。役者一筋脇目もふらず、などと考えない方がいい。筆者などは二、三の噂だけでウンザリだったし、真冬に水をかけられたような気持ちになって大好きな楽屋に行くのさえ嫌になったものだった。

四季の俳優以外の出演者は、半ば躁状態でほとんど前売り券を売らなかったようである。大資本がバックについているのだし、大船に乗ったつもりで舞台上で悠々とバカ騒ぎをしたとしか思われなかった。こんなことでいい舞台が生まれるはずはないのである。

これに続く正月公演は特に関西で有名な武智歌舞伎で、浅利さんも、俳優の発声術などでよく武智鉄二[54]の名を引き合いに出していた。

演目はその武智氏のプロデュース・演出で『壽大歌舞伎』（昼の部『心中天網島』『勧進帳』、夜の部『金幣猿島郡《きんのざいさるしまだいり》』）だった。このたびはそれに石原さんの創作、一ノ谷で滅びた

52　水谷八重子（初代。新劇から新派に入り、戦後は新派の屋台骨を支える大黒柱として活躍）
53　仲代達矢（俳優・演出家・歌手・ナレーター・声優。劇団俳優座出身。無名塾主宰）
54　武智鉄二（演劇評論家・演出家・映画監督）

平家の怨霊が登場する〝耳なし芳一〟をアダプトしたと作者が言う新作『一ノ谷物語』もあり、これに人気映画俳優市川雷蔵が立役となっていたので、この作品に限っては、作者が何かと気をつかったのかも知れなかった。

石原さんが「自伝」で述べているような、「とにかく金に糸目をつけずに世間をあっと言わせてくれ」という注文に応えてかどうかわからないが、『金幣猿島郡』は、石原さんに言わせれば、その世界のマニアには垂涎の出し物となったという。日生劇場の舞台機構をフルに使って鳴り物・長唄に迫力を持たせたというのである。

当然ながらこれらの結果に浅利さんは激怒した。計画性のない得体の知れない出金、不合理な謝金のバラ撒きに対してであった。

しかしこの時、石原さんについては一言も批判めいたことは言わなかった。「とにかく、金に糸目をつけずに……」の話は本当だったのかどうか。「自伝」ということで、老人特有の勇み足で書いたのかどうかも今となってはわからないのである。

この後、日生劇場三月公演は、福田恆存プロデュース・演出で初の『リチャード三世』、四月は松浦竹夫演出の『シラノ・ド・ベルジュラック』。五月は浅利さんの企画で話題作『喜びの琴』(三島由紀夫作)であった。話題になったのは戯曲の内容もさることながら、元は劇団文学座の正月公演だったはずのものが、戯曲の内容が反動的過ぎて、〝こんな台詞は口にできない〟と座の看板俳優が泣き出したとか、そんな話が漏れてくるなどで遂に文学座と三島由紀夫氏との対決となっていく。

かつて筆者は『断章　三島由紀夫』（碧天舎）で、この事態に触れていた。

一九六四（昭和三十九）年を迎え、稽古は松の内から始まっていた。劇団四季は二月の第三十回公演に初のスペイン劇、黄金時代のカルデロン・デ・ラ・バルカ作『十字架への献身』に取りかかっていた。同時に日生劇場も通常のスケジュールで動き出していたので、私たち駆け出しはともかく、幹部スタッフ、幹部俳優は超多忙になりつつあった。

そんなある朝、筆者はいつものように国電目黒駅で電車に駆け込んだ。ラッシュはとうに過ぎ、立つ人はまばらだった。動き出した電車の通路を風が走る。その瞬間、目にしたものによって一撃をくらった。それはあまりにも見事なカウンターパンチだった。目に飛び込んできたのは風になびく車内吊りの、文字のみの広告だった。

日生劇場、喜びの琴、三島由紀夫

「事情は一瞬にして理解できた。ショックは「証」と印されたポスターそのものが、文学座と三島の間で交わされた「証文」だったからだ。折り目とそれによる皺の陰影が強烈だったのは、それが書かれてから宣伝広告の被写体としてライトを浴び、拡大され、ここにぶら下げられるまでのドラマを滔々と物語っていたからである。私はそこに三島由紀夫の怒りの激しさを感じたからであった」

（『断章 三島由紀夫』梅津齊著、碧天舎）

国電の車内吊りを指示したのは、劇団四季の演出家浅利慶太であり、文学座のその年の正月公演の演目として稽古に取りかかっていた三島作品『喜びの琴』が、突然中止となったことに端を発していた。その理由は三島に左翼に対する偏見があると委員会で問題になり、委員会の流れは中止に傾き、三島の反論も通らなかった。その結果が「証」となった。

証

昭和三八年十一月二十一日
三島由紀夫作『喜びの琴』を
文学座の思想上の理由により
上演中止を申し入れ作者はこれ

を応諾した

文学座代表
戌井市郎
三島由紀夫

山の手線の車内吊りに下げられていたのはこれであり、この文言に被せるように右上から左下へ斜めに大きく、あたかも怒れる形相でいくつかの文字を覆ってはいたが、三島の名も戌井の名もはっきり読みとれる。この上演中止が文学座の内紛の結果であり、一年前の大分裂に続く二度目の分裂で、三島他十数名が退座したことは既知のことではあったが、まさかこんな文書が交わされていたとは。そして演出家浅利慶太が丸ごとのコピーを国電車内にぶら下げる決断にそう時間を要しない戦略家であることを了解した上で、改めて三島の怒りの質に触れたように思われたのである。唐突だが、それが「三島由紀夫という文体」に対する私の確信だったからである。

（『断章 三島由紀夫』）

この文学座の内紛に、三島さんがそんな単純な作品を書くはずはないと浅利さんは二月号「文學界」を読み、三島由紀夫擁護に動く。

当時の彼の目には、文学座は左翼の劇団に映っていた。

「文学座も左翼の妙な理論を振り回し、文学座伝統の芸術至上主義を捨ててしまったというよりも、文学がわからなくなったんだ。文学を忘れた文学座ではどうしようもないな。文学がわかる人間は皆出て行ってしまった。三島さんももっと早く見切りをつけていればよかったのに。つい、うっかり、は三島さんらしくないのになあ」と言ったものだった。

知らない仲ではないが、矢代静一さんに連絡を取ってもらおうかなとつぶやいていたので、矢代さんを通してだったのかも知れない。そうして『喜びの琴』を日生劇場でやりましょうとなったのであろう。

しかし、作品は無条件にどんな場所でもできるというものではなかった。四季でも使っている第一生命ホールや、砂防会館ホールのようなところがいい場合もある。

『喜びの琴』は日生劇場のような劇場には合わなかったのである。一応、五月七日から三十日までの公演だったが、かなり厳しく、そのマイナスを少しでもプラスにと力わざを発揮した金森馨の装置は事件の捜査本部である警察署そのものが、数本の鉄の太い鎖でガッシリと捕らえられており、その上、巨大な鬼の手のような腕と五指が、上下左右から装置を破壊しかねないように押さえている。オープンカーテンの暗い舞台に射すわずかな光が二ベルとともに徐々に強くなって全貌が明らかになり「アッ！」と言わせるものであった。美術装置が話題になるのは悪くはないが、本末転倒になっては元も子もない。

残念ながら『喜びの琴』の演出陣は、これ以上ない努力と持てる能力をすべて注ぎ込んだが苦戦した。作者の三島さんもそれはよく理解したようで、本人は満足げであった。

文学座のまたもやの分裂を招いた内紛だけに騒ぎも一層大きくなり、その分だけといっても入場者はほんの少し増えたかも知れない程度だったろう。ヨーロッパでは中劇場でも、日本では大劇場である。外の騒ぎに似合わない地味な舞台は辛うじて劇場につぶされずに済んだと三島さんは納得したはずであった。

氏のプライドは守られこそすれ、決して損なわれることはなかったことを筆者は喜んだ。あまり知られていないが、プライドといえばこんなことがあったのだ。浅利さんも触れたくないらしく劇団の首脳陣には話したであろうが、そこ止まりにしたかったようであった。

しかし、彼としては、もう少し何かできることはなかったのかと考えたであろう。日生劇場を少なくとも四〜五年のうちには軌道に乗せますと弘世オーナー、五島社長に約束した者としては、仮に作品内容が一勝一敗だったとしても、大赤字では弁解しようがないのであったから。

とはいえ、三島さんについての彼の考えは別にあった。もっと書かせる。中劇場に合うような作品を、である。彼は三島さんには今それが必要だと考えていた。その理由を知っていたからである。

その上に、三島さんにもプロデュースをという考えも伝えていた。芝居の好きな三島さんを日生劇場の座付き作者にという強い思いと同時にである。

それが近い将来の楽しみとなっているように筆者には思われた。

だが、そんな中で、当の三島さんは何を考えていたのか。

十月公演の『恋の帆影』の執筆をしていたと言いたいところだが、わかっていることは他にもう一つ、氏のプライドを引き裂くような裏切りが尾を引いていたということだった。

当初、五月公演は『喜びの琴』と創作オペラ『美濃子』の二作品で、三島由紀夫フェアとすることになっていた。作曲は永年の友、黛敏郎で、前年の八月に台本を渡していたが作曲が進まず断念に至っていた。こけら落としに大挙来日したベルリン・ドイツ・オペラに感動した三島さんがドナルド・キーン氏[55]に手紙を送り、自作のオペラに触れ、『美濃子』の主役に新人のいいテノールが見つかったが、ソプラノの〝美濃子〟を探すのは……と、天は二物を与えぬことを嘆いている。期待をかけていただけに、これができなくなった時の三島さんの無念と怒りは想像がつく。そのため、五月公演は急きょ『喜びの琴』だけで一カ月をもたせることになってしまったのである。三島さんも舞台には詳しい作家である。

55　ドナルド・キーン（アメリカ合衆国出身の日本文学・日本学者、文芸評論家。コロンビア大学名誉教授）

……オペラがダメになって、『喜びの琴』を二五日間日生劇場で五月にやることになり、あんな地味な芝居を大きな小屋で一ヵ月打つことは、まことに心配で、ヒヤヒヤしてゐます。

（『三島由紀夫未発表書簡─ドナルド・キーン氏宛の97通』三島由紀夫著、中央公論新社）

ドナルド・キーン氏にこう書き送った三島さんは、浅利演出にすべてを託すより仕方がなかったのだ。

こんなこともあったようだ。『喜びの琴』の稽古中のある日、三島さんから浅利さんに電話が入り、見せたいものがあるから今から行くと連絡があった。彼は何かを感じ、二、三人の若手を役員室に呼んだ。三島さんは杖を持ってやってきた。それは仕込み杖だった。彼はみんなの前でそれを抜いて、タテ、ヨコにビューと振って見せた。呼ばれた中に大瀧満がいた。後日彼は「三島さんは、あの時何を考えていたのでしょうかね」と言っていた。

前年一月の芥川比呂志[56]・岸田今日子[57]等二十九名の文学座脱退劇の中心人物福田恆存の仕掛けたこの事件は三島さんには何の打診もなく、そのショックから文学座に残って意地でも後を守り抜こうとしてきた三島さんは、これにも裏切られ、自らも文学座を脱退しなけ

56　芥川比呂志（ハムレット俳優と呼ばれる。文学座を脱退。現代演劇協会劇団雲設立に参加。演出家）
57　岸田今日子（女優、文学座を脱退。現代演劇協会劇団雲設立に参加。声優・童話作家）

ればならなくなった。その上信頼していた友人の作曲家に結果として裏切られることになった三島さんは、黛氏との永年の交友を絶つに至る。黛氏は一言の弁解もせず非力を認めただけだったという。『喜びの琴』に関する失敗の一部は、創作オペラ『美濃子』の挫折を受けてもいたのである。

浅利さんは、この失敗をどのように挽回できるかを考えていたが、十月の『恋の帆影』ではそれは無理とみていた。となればこの問題の安易な解決はかえって状況を悪化させるだけである。それに力を入れ過ぎることは自分の置かれた環境が許さない。劇場オーナーの弘世現社長、日生東京代表の助重精也常務、そして五島昇社長に日本生命内部の劇場経営懐疑派の非難を向けさせることは避けなければならない。自分はいい。ある時から露骨な態度を示す数人の幹部社員がいることに彼は気がついていた。五島さんも、石原も滅多にいることはない。「何時もいるのは俺一人だろう?」、そう言って笑っていたものだったが……。これは彼の半ばジョークとしても、重要なことは日本生命の中で日生劇場についてのコンセンサスが充分に尽くされていないままのスタートだったのではないかということだった。理解できない人には突然飛び込んできた異物でしかなかったのかも知れない。

そういうこともあってまずは劇場を守るため、一年目の失敗に対し早めに手を打つことにしたのであろう。幸い幕を開けたニッセイ名作劇場『はだかの王様』は五月二十一日の初日以来、日ごとに俳優たちも新たな手応えを感じていたし、学童の反響がそのまま家庭に、そして学校、教育委員会に好ましい影響をもたらしていた。年末の最終日までの八十回公演で十万を超える都内の学童が観劇することになる。それは、やがて第一線の日生の婦人たちに反映されることになる。次年度は『王様の耳はロバの耳』だ。弘世オーナーの手放しの喜びようは、四季の全員を感動させた。彼は劇場運営そのもので安心させなければならない。そのための演目にジロドゥの『オンディーヌ』を開場三年後に決めていた。伝説の鬱蒼としたドイツの深い森が霧でけぶるイメージは、日本の梅雨の時季。公演は六月に決定していた。

しかし、事情がかわった。『オンディーヌ』は日生劇場開場二年目の一九六五年六月、三十二回公演を満杯にした。反響から初日後五日目の六月八日には、日延べ公演と八月再演を決定するに至った。

しかもその八月公演の前売り発売初日に、一六四四枚の売り上げとなり、前売り一日の新記録となった。またも連日満員。『オンディーヌ』の名が広く浸透するとともに日生劇場のイメージは一挙に確立されていく。

ここで『オンディーヌ』についての筆者の体験を一つ。

北海道公演担当だった筆者は、北海道新聞社とその子会社である北海道文化放送が名義主催に入っていたので、よくこのテレビ局に顔を出していた。十五秒と三十秒だったか、コマーシャルが日に何度か入って半月ほど経った時だった。新聞社の事業部に顔を出すと、テレビ局の事業部へ来てほしいという伝言があった。また何かミスを犯したかなと道々考えたが思い当たることはなかった。

文化放送の山本さんはニヤッと笑って筆者の前に腰を下ろし、「大変ですよ」と言った。やはり目は笑っていた。

「あのさ、『オンディーヌ』のCF（テレビのコマーシャルフィルム）を何とかしてほしいとクレームが入ったのさ。子どもがさあ、〝オンディーヌ！〟と叫んで倒れて困るって言うのですよ。どうします？」

なるほど、そのコマーシャルは北大路欣也[58]扮するハンスが「オンディーヌ！」と叫んでくるりと一回転し、仰向けに倒れて死ぬシーンだった。「子どもが真似をする……」とつぶやいた。筆者が固まってしまったのを見て山本さんはやめますか、と言って一、二秒して声を上げて笑った。彼の話では三歳の子どもだということで、倒れるといってもコロンと

58　北大路欣也（俳優・声優。劇団四季にたびたび客員参加）

横になるだけだということで、そこはお母さんが何とかやめさせるようにするか、見せないようにするなど考えていただけませんかという話で納得してもらったということであった。筆者は山本さんの笑顔でホッとしたが、この先何も起きないことを願っていた。

2 思わぬ誤算

劇場文化の中で、最もファン層の幅が広く、定期的に劇場に通う人数の多いお客はクラシック音楽のファンであろう。

一九六三年六月二十日発売のベルリン・ドイツ・オペラの前売券は、四演目（『フィデリオ』『フィガロの結婚』『ヴォツェック』『トリスタンとイゾルデ』）全体で、発売初日に九〇パーセント以上がお客様の手に渡ったと各地のプレイガイドからの連絡で確認できたという。これほどの熱意は嬉しい誤算だったらしく、ベルリン・ドイツ・オペラの団員の歓迎レセプションもより盛大に行うことができたと浅利さんは話していた。問題はその後だった。

この年の最後を飾り、日生劇場のプロデュース公演の方針に期待してもらいたかった彼にとっては、少なからず苦い思いをすることになった。これについて、もう少し見ておきたい。というのは、当時の新劇団の考え方が非常に安易な左翼的思考に侵されていたからである。そのことを伝えなければ、浅利慶太制作営業担当取締役の苦悩が理解できないからである。

劇団四季リーダーとしての彼の当初からの目的は、劇団四季の全国公演の達成であり、そのための俳優の育成と経済基盤を確立することだった。俳優と演目と公演のための諸々の基礎である。だが、日生劇場の建設に具体的に携わっていくうちに、それら必要なものは、劇場での自主公演によって、現有劇団員は二、三年で全員が使えるようになり、他の要因もほとんど同時に達成できることに気がついていた。

従来の四季のスケジュールでは、本公演は多くても年に四回で、これでは舞台に立てる俳優は限られてくる。四回のすべてで主役・準主役を演じたとして、年に計一カ月である。学校巡演の演劇教室という場では、俳優は正しく成長するのは非常に難しい。しかも経済的に本公演の赤字補填など考えられない。だが、日生劇場公演の主役以外の俳優の大部分は四季の俳優にならざるを得ない。理由の多くは各劇団の歴史に負っていた。

他の新劇団の若手を使いたくても当人が拒否するかも知れないし、当人がよくても劇団が出さないだろう。日生劇場の興行責任者としての彼にしてみれば、使えない理由の一番の問題点は、残念ながら台詞が通らないことにあった。

当時は俳優座を筆頭に各劇団の俳優養成の考え方は、ほとんどスタニスラフスキーシステムと呼ばれる俳優術のテキストの安易な解釈で行われていた。このシステムの研究ですべてが手に入ると思い込み、最も基本的な発声のための正しい腹式呼吸、正しい発声のための開口、滑舌が疎かになっており、日生劇場の一階客席の中ほどから後ろでは舞台で何を言っているのかよくわからない俳優が多かったからであった。それに比べれば、四季節と笑われながらも台詞はしっかり通っていた四季の俳優に分があったのだ。

日生劇場が自主公演をすることになれば、シェイクスピア、ジロドゥ、新派、松竹新喜劇、創作劇、既成のオペラと新作のオペラ、他に隠し玉ともいうべきジロドゥ劇（当時の状況でも出し方によっては二カ月のロングランを打てる）の作品がいくつかあり、それにサルトルの大作『悪魔と神』『狂気と天才』などをプロデューサー・システムでうまく回せば五～六年で日生劇場は軌道にのる。いや、もっと早く実現するだろうと彼は踏んでいた。

もう一つは、弘世オーナーの要請である学童の無料招待という大事業である。

これは現代の学童は台詞だけの劇では相当厳しいというより不可能なので、ミュージカル仕立てにする。第一回はアンデルセンの世界名作童話『はだかの王様』で、台本も第一稿が上がってきた。これを作詞家と作曲家に渡し済みである。初年度は八十回、都内十万超の学童が観劇することになり、劇場の空き時間を利用する昼公演とする。その回数は一年で劇団四季本公演の四年分に相当するし、他の一般公演の出演者もかなりの頻度で舞台に立つことになる。劇団四季の十年計画分の舞台経験は回数だけでみれば二、三年で満期終了となるのである。しかも、この修業には基本的に授業料は不要であった。むしろ出演料が諸経費込みで支払われるのである。もっとも、『はだかの王様』の出演料については全員のギャラはプールされ、稽古場建設費となっていた。

だが、第一回の『はだかの王様』の稽古は、これ以上ないというほどに非情なものだった。劇団四季総出演だったので、出演者の実数を当時の台本を引っ張り出して確認すると、その数三十七名。スタッフで照明技術員が五名〜七名。演出一名、同助手二名、振付一名、歌唱指導一名。演出助手班二名他。のざっと五十四名の格闘が始まった。通常の芝居にダンスと歌唱の特訓があった。

これら五十四名は昼の空きステージを使い、午前十時から午後二時頃まで稽古。その後は夜の公演が終了し、四季の出演者が合流するのを待って四階か五階の会議室を使い国電の最終に間に合うように稽古を終える。稽古が追い込みに入ってくると夜通しの稽古は国電の始発に合わせて終了し、自宅に帰る者は午前十時までに集合。帰らない者たちは客席のどこかに隠れるようにして仮眠をとる者、ロビーの隅で仮眠をとる者、大理石の床で熱をとりながら眠る者と様々だった。

その年（一九六四年）の日生劇場夜の公演は次の通りであった。

三月は『リチャード三世』。主演は歌舞伎の先代の中村勘三郎。四季関係はベテラン日下武史他五名とその他若手十五名、計二十名ほど。

四月は『シラノ・ド・ベルジュラック』で主演は尾上松緑。四季関係はベテラン田中明夫他計二十六名。

五月は七日から三十日まで『喜びの琴』があり、田中明夫をはじめ、日下、井関、水島、立岡、松宮[59]のベテラン他若手が四名の計十名が出演していた。この超過密スケジュールは事前にわかっていた。さすがの浅利さんも『はだかの王様』の初日の延期を弘世オーナーに直訴した。しかし、オーナーの一言は「初日は絶対に守ってください」だった。これは至上命令だったのである。

そうして、『はだかの王様』は五月二十一日の初日を迎えることになるのだった。

夜公演の出演者の中には、疲労のあまり声がかすれてくる者も出はじめ、余計な心配をしたものだったが、そんな筆者が大きなミスを犯し、自分の状況に気づかなかったことを

59　松宮五郎（俳優・声優。1956年七曜会から移籍、長年にわたり劇団四季に所属）

後悔することになった。

夜の稽古が終わって劇場で仮眠をとるだけでは疲れがたまる一方である。ある日、始発の国電で目黒の自室に帰り、目覚ましをセットし布団にもぐり込む。それから数時間、爆睡から目覚めた筆者は愕然として顔も洗わず家を飛び出した。目覚ましはセットしていたがストップのまま。その時点で間もなく集合時間だった。目黒駅に着くと稽古開始の時間だ。筆者にできることは急いで電車に乗り、有楽町駅からぶっ飛ぶだけである。

恐る恐る舞台の下手から入って様子を窺ってみたが、休憩中なのか何の動きもなかった。劇場付きの若い技術者が椅子に座っていた。筆者は「何待ち?」と聞いたが首を振って、わからないと答えた。客席に相棒を見つけ、近づいた。「どうしたの?」と憮然とした表情で言う彼に「すまん。ミス。起きたのがほとんど十時だった」。「宮島さんは?」と右腕である宮島[60]さんを探したが見当たらなかった。浅利さんも見当たらない。「宮島さんも少し遅刻。今は会議で役員室……」。「稽古は頭からだった?」。「いや。浅利さんも体調不良らしい」と彼は言った。

何となくほっとした。それから間もなく稽古が再開されることになった。そこで彼に遅刻を詫びた。「何をやっているんだ」と一言だけだった。昼食を挟んでその日は午後二時半で終わった。いつものように出演者一同と演出部の者もステージ中央に集まった。そこで

60　宮島春彦（劇団四季演出部所属）

歌や踊りのダメ出しがあり、最後に「演出部はたるんでいる。出演者はもっと疲れているんだ。以後四季の演出部は相手にせず」。この一言はこたえた。劇場付きの舞台監督の「夜稽古はスケジュール通り」の声が響いた。

筆者にとってこれは入団後二度目の失敗だった。だが、一喜一憂はすまい。気をつけよう。そんな決意も空しく三度目の大失敗が待ち構えていた。特に大劇場の機構に不慣れな我々演出部の駆け出しは、少なくとももしばらくは舞台監督や演出助手など責任のある役割を与えられなくなったと考えていた。せめて『はだかの王様』で舞台前面の左右シンメトリーに巨大な花を咲かせる手作業のタイミングを外さないようにすることだけだと相棒の稲葉君[61]と話したものだった。

王様がベランダから「アッ！」と叫ぶその声が合図だったが、我々のいる場所は舞台下のオケのメンバーがそこを通ってオケボックスに入っていく狭い通路で、舞台の足音や歌や音楽が聴こえてくる場所だった。一瞬の「アッ！」を聞き逃すことも多く、しかも我々二人は互いに相手が見えないことも不安で、それにまあ、不器用と言われても反論しようがない二人だったから、やるたびに何かが邪魔をした。これを十二月まで本番八十回と思うだけで気が滅入った。

61　稲葉龍史（劇団四季演出部所属）

四季の演出部が浅利さんから叱られ怒鳴られるのを面白がって見ている劇場付きの若い技術者たちは、何かにつけて筆者たちを馬鹿にしていた。ともに同じボスを持つ二組のグループは仲が悪いものだということをこの時初めて実感した。

この間にも「日生劇場」の名をいかにして全国に知らしめるようにするかで、四季の全国公演はずいぶんやりやすくなると彼は考えていた。子どものお芝居も全国規模で可能になる。だから万に一つも手は抜けないのだった。

全国公演についての机上のスケジュールは、日生劇場がこけら落としに『ベルリン・ドイツ・オペラ』を決め、その後の自主公演の日程が決まる中で決定的になっていた。『オンディーヌ』や『永遠の処女』をロングランに持っていく方法をあらゆる点で見落としのないように注意に注意を重ね、自らに〝ダメ出し〟をしながら機を窺っていた。師の加藤道夫先生の遺志をこの日本一の理想の劇場で、しかも今日の日本でこれ以上の才能はないと信じている同志スタッフと、十年にわたる精進を続けてきた俳優陣の努力の成果とアンサンブルで確実な当たりが取れると確信していた。特に『オンディーヌ』の上演について彼は、季節感までも条件に入れていた。

ドイツの伝説が生まれたような深い原始の森は北海道を除けば日本にはないが、初夏から夏にかけての梅雨曇りで山野の樹木はけぶり立つ。そういうことまで彼は考え、六月四日〜三十日までを選んでいた。

恩師加藤先生が遺された『なよたけ』は空気が澄み、月が美しく見える十月になったが、できれば満月のある九月にしたかったのではと思うことがあった。盟友日下武史に「やっぱり九月か？　十月ではダメか」と言う彼の声が聞こえてきそうな気がした。結局、九月はニッセイ名作劇場だけで、夜は空いたままになってしまった。俳優たちのスケジュールがあまりにも厳しく、稽古が間に合わなかったのである。

3　誹謗中傷と闘いながら

ベルリン・ドイツ・オペラによるこけら落としの大成功は、日生劇場の完成を喜ぶ関係者にとっては盛大にして抑制の利いた華麗壮大な花火を東都の空いっぱいに打ち上げた気持ちであった。

その上、オペラ団に二十日ばかり遅れてドイツ連邦共和国リュプケ大統領が十一月六日に国賓として来日された。

浅利さんはその後の成り行きを次のように述べている。

ドイツ側はこの機に天皇皇后両陛下をはじめ、主だった皇族方を招待して大統領主催のオペラ公演をやりたいと希望された。日生劇場もD・O・B（ドイツ・オペラ団）も勿論異議はなく、十一月九日『フィデリオ』の特別公演が催された。舞台の両脇に垂れ幕のようにかかる日独の大国旗。そしてカール・ベーム指揮による両国国歌の演奏、戦争を通り抜けた世代の心にはさまざまな感慨がよぎる時の流れだった。

（『時の光の中で――劇団四季主宰者の戦後史』）

そしてこの時、珍事が二つ起こったのであると続けている。ここでは長くなるので敢えて引かないが、一つは昭和天皇にかかわることであり、いま一つは指揮者カール・ベームについて。出来事を語る彼は楽しそうに話していたが、その時は心臓が止まるかと思うほど驚いたということだった。我々はこれらの話を聞きながらまことに微笑ましく、思わずニッコリしてしまった。

この特別公演については日本生命の弘世社長をはじめとする首脳陣がいつ知らされたかはわからないが、さぞかし、驚き喜んだであろうことは誰にも想像がつく。

そして数カ月が過ぎた頃、外部の形をとったそれ自体つまらない中傷が、自分を名指しで非難していることをキャッチした。それは彼が日生劇場を私物化し、劇団四季との癒着が目に余るというようなことで、それは言外に日本生命は何をやっているんだという意味であった。そんな浅利を野放しにしておいていいのか？　という狙いを含んでいた。

制作営業担当の責任者である彼は自分が勧めた自主制作が、初めから大きな赤字を出してしまったことにいささか驚き、ガッカリもした。だが、日生劇場は、プロデューサー・システムで運営していくのが一番いい方法であることは間違いなく、これを続けていくには、適宜にシステムの内容を手直しする必要があった。それと同時に、営業部を強化しつつ一年目の赤字を二年目で奇麗さっぱりにすることだった。

そんなことから制作営業の誰かの発案で、劇団ユニットで新劇団公演をするというやり方はどうかということになり、劇団俳優座の『ハムレット』が千田是也演出で一九六四年六月、日生劇場公演となった。私たちは同じ六月に第一生命ホールで第三十一回本公演『イフィジェニイ』（ラシーヌ作、宮島春彦訳・演出）の上演のため大わらわだったので、これは観る時間がなく、噂に気を取られることもなかったが、制作的にはまあ、劇場側、劇団側の経験にもなる。こんなところだろう。やってよかったということのようだった。

浅利さんは、この頃から『オンディーヌ』の部分稽古を役員室で始めていたようであった。主役を欠いた部分稽古はどのような稽古なのか。本の理解のための読み合わせだろうと思われたが、誰にも聞かずにいた。

ある日筆者は役員室に呼ばれた。「スケジュール表を持って役員室に来てくれって。怒っているようだったわよ。何かあったの？」と女優の中町[62]さんが心配していた。何かあったかではない。いや、何かは確かにあった。『イフィジェニイ』の稽古に出演者以外に二、三人ほどしか集まらない日が多くなっていた。彼が『オンディーヌ』の稽古を役員室でしているので、そちらの方へ行く者が多いことがわかっていた。本公演には全員、稽古場に集まるのが四季の決まりになっていたにもかかわらずである。彼は焦っているのか。

筆者は来るものが来たと思った。演出助手としては、何があろうと、本公演の稽古を見るようにしてくださいと、役に付いていない団員に何度か強く言ってきたからである。そう言いながら、筆者は日生劇場の開場から半年後、五月公演を終わって営業成績なんてもんじゃないと彼が怒っていると聞いていた。仕込みが膨らみ過ぎて、早くも一億円超の赤字の対策をする必要に迫られているらしいというのであった。当時の一億円である。それを超えているというのだ。早めに収支の改善を図らなければならなくなったのであろうと、それで予定より一年前倒しで伝家の宝刀を抜く決意を固めたものと推察していた。『オン

62　中町由子（劇団四季女優。1961年俳優座より移籍）

ディーヌ』がそれだった。

役員室はちょっとした稽古場で、たぶん本読みには快適な造りだった。大きな机が三つ。壁の木目に合わせたようなチェンバロが一台。ドアを開けると正面に浅利さんの席。あとの二人、企画担当の石原さんと社長の五島昇さんをこの部屋で見かけたことは、一度もなかった。

ノックすると声があって、筆者は中に入った。

「スケジュール表を持って来たか。見せろ」

いつもよりもう少し早口だ。中町さんの心配していた通り、目が怒っていた。

「これじゃあ、全くできないじゃないか」

「はあ……」

「これでいくのか」と彼は迫ってきた。畏縮して思うように言葉が出ない。やっと、「すみません、本公演ですから」と口にして、しまったと思った。「本公演」は余分だった。だがもう遅い。あれだけ注意してきたのに、なんたるざまだ。

「よしわかった。君等がそういう態度をとるなら、覚悟してるんだろうな」

彼はそう言って、筆者を睨み据えた。

役員室を出ると、冷や汗がどっと噴き出て背筋を伝った。春からトチリの連続だった。しばらく稽古に戻りたくなかった。

日生劇場のスケジュールも劇団四季のスケジュールも超過密で日々、目の前の仕事をこなすだけで精いっぱいだった。前の月、五月二十一日に初日を迎えたニッセイ名作劇場『はだかの王様』は十二月二十四日までに八十回の予定が詰まっていた。四季の公演ラシーヌ劇『イフィジェニイ』が六月二十五日に終わると直ちに演出浅利で第三十二回本公演『ジークフリート』（九月二十三日〜二十八日。砂防会館ホール）の稽古が待っていた。ほとんど同時に彼は三島由紀夫書き下ろしの『恋の帆影』（十月三日〜二十九日）の稽古も始めなければならなかった。

そして、これが終わると十一月九日〜十二月二十七日にかけて上演されるポール・ジェラードプロダクションのミュージカル『ウエスト・サイド・ストーリー』（以後『ＷＳ』と表記。制作責任者浅利慶太）である。この公演についての詳細は、後に述べることにするが、振付のジェローム・ロビンスによって「ブロードウェイにひけをとらぬ内容に仕上がった」と言われた舞台だった。浅利さんはこの舞台約五十回のうち二十回は観た。そしてミュージカルを理解したと語っている。それが後のミュージカル路線につながっていく。

六月公演が終わって、このあとは『はだかの王様』の本番に付き合うだけでいい。子どもたちが感動する姿を見ているだけで元気がでる。それを素直に喜んでいた。『はだかの王様』では巨大な花を咲かせる役だけである。あとは『ジークフリート』の稽古を見ながら雑用をこなす。気の利かない筆者もそのくらいはできる。

稽古には欠かさず通った。日生の九月公演『若きハイデルベルヒ』の幕が開き観客のメドもついた頃、彼は珍しく早くあらわれた。何やら危ない雰囲気があった。予想は当たった。それは、やや長い沈黙から始まった。やがて彼の口から創立メンバーの一人の名が出、「君はジークフリートがわかっていないんじゃないのか。読んでないんだろう?」。語気は一語一語強くなっていく。

「ちゃんと読んでますよ」

「そうか。それなら言うが、君は俳優をやめた方がいいよ。中学か高校の教師にでもなった方がいい」

言われた方はさすがに返答に窮していた。

その後二、三応酬があったと思う。

突然雷鳴が轟いた。それは今となっては、筆者の内部の音だったのか現実の怒号だったのかよくわからない。かつてない震動だった。そこから先のことは記憶の体を成さない。追及の手はいよいよ厳しかった。この日、稽古はつぶれた。気がつくと稽古場は静まり返っていた。

翌日、稽古に先立って浅利さんの談話があった。それは日生劇場の現状と自分の立場。そういう中での劇団四季の位置についてであった。劇場運営に関する内外の批判についても語った。いかなることがあろうと、四季が自分の拠りどころであること。創立の理念を忘れず、見かけに浮かれることなく舞台に精進しよう——。筆者の要約ではこうだった。

突然、名が呼ばれた。君の顔を見ればわかるが、そういう状態は危ないぞ、自ら墓穴を掘ることのないように気をつけろ、と言うのであった。これには参った。

我々は彼の緩急自在な陽動作戦に、巧みに乗せられていることを知りながらも嬉しかった。軽佻浮薄に流されてはいないか。君等は浅利慶太独りに闘わせるつもりか、と言われて感動しない者はいない。前夜の件と今日は、どちらも浅利慶太であった。刎頸《ふんけい》の友、同志に対する横暴と見えたのも、それだけのことだったのかもしれない。そう思うと、筆者は自分の肩の力が、春以来の肩凝り現象が、スーッと抜けていくのを感じたのだった。『ジークフリート』の舞台監督をせよとの辞令を受けたのは、初日まであと二週間という日であった。呼ばれて役員室に向かう。見当はつかないが、ここは苦手とドアの前で立ち止まり、深呼吸をしてノック。

「おう、梅津。舞監はお前にやってもらうことにした。頼むぞ。それだけだ」

嬉しさと照れくささがくる。全体の段取りがどうなっているのか。すぐに先輩のいる制作室に走った。

日生劇場自主制作の前半の収支が唖然とする内容だったことに浅利さんは怒り狂った。一体全体何をどう考えればこれほどの愚かな数字を出せるものかと。だが、弘世オーナーと五島社長からは何事もなかった。彼は、お二人が我慢して静かに見ているのだとわかっていた。ただ、内部の批判が雰囲気的にもせよ、弘世オーナーに向かい、五島社長に向かうようになるまでにはもう少し時間を要すると見ていた。

現在二人の社長の我慢を支えているものといえばニッセイ名作劇場『はだかの王様』の大きな反響である。その先は言うまでもなく、通常公演の正常化である。いかにしてこれを立て直すかに日夜苦しんできた。内外の中傷まじりの批判をこれ以上大きくしてはならない。そんな思いを『ジークフリート』の稽古内容にからめて一気に吐露したのが今回の大落雷だったのだ。

役員室での『オンディーヌ』の読み合わせは、何か具体的なことに向かっていなければ神経がもたなかったからであろう。焦ってはならないと思う先から急いでしまったことも多分反省したはずであった。俳優たちにとっても自分にとっても、時間のないところで稽古をしようとしても身にならないことはわかっていた。彼の辛さは、こんなときに劇団四季の本公演『ジークフリート』と、十月の日生劇場公演『恋の帆影』の稽古が重なっていることだった。

その上、十月には自身の責任制作となる日生劇場公演ブロードウェイ・ミュージカル『WS』の稽古が始まることだった。もちろん、こちらの舞台は振付のジェローム・ロビンスに一任していたが。

こう書きながらその実態を考えれば、誰しも、目の回るのを感じたはずである。

ミュージカル映画の名作『WS』は彼の演劇体験に大きなショックを与えた。それは一九六〇年代の初めアメリカで作られ、一気に全世界の若者を興奮させた。「新劇」の観客が減少している中で、この作品は彼に日本のミュージカルの可能性について強烈なインパクトを与えていたのである。だから彼はこれを敢然とやり遂げなければならなかった。いま一つの理由は『WS』の成功によって、誹謗中傷の輩《やから》はいよいよ色めきたつであろうと。

一九六三年三月、日生劇場の若い二人の重役は揃って海外旅行に出る。浅利さんにとっては、三十歳にして初の海外旅行だった。

彼の目的は二つあった。一つはベルリン・ドイツ・オペラとの契約、調印であり、もう一つはそのついでにニューヨークに寄って、できることならば『WS』の話もある程度まとめることだった。特に国務省の文化担当者を訪ね、アメリカ文化の派遣や、それに伴う費用の助成の可能性について打診したかったのであろう。

当時、ニューヨーク便はなく、七時間かけてホノルルへ。そこから五時間でサンフランシスコ。アメリカ国内航空で五時間、やっとニューヨーク。機上の時間は羽田からニューヨークまで合わせて十七時間、この時差と初体験の神経の高ぶりにほとんど眠れないままニューヨークに着いた。空港には小澤征爾夫妻が出迎えてくれた。その日は小澤宅で二人の歓迎会となった。

「小澤征爾N響事件」以来わずか二カ月ぶりの再会に積もる話は山ほどあるようで、ニューヨークの第一夜は疲れも忘れて底抜けに盛り上がり、とうとう徹夜となってしまった。これがまずかった。飛行中もほとんど眠れず、それに加えての徹夜だったのだ。明けた日のブロードウェイ昼公演『サウンド・オブ・ミュージック』と同日夜の、その頃の話題作『リトル・ミー』が、京子夫人によってしっかり確保されていたにもかかわらず、である。『サウンド・オブ・ミュージック』の序曲が始まるとまるで麻酔ガスを嗅がされたように、あっという間もなく昏睡状態に。隣で京子夫人がつついたり引っ張ったりするが反応なし。一幕、二幕もひたすら昏睡のままだった。

夜の部は、これまた始まるとすぐに眠りに落ちた。夜は最前列の中央だった。ブロードウェイの劇場は客席とオケピットの間に壁がなく、オケの中は丸見えである。そのオケピットからコンサートマスターがヴァイオリンの弓で浅利さんの足首をしきりに突く。さすがの彼も、後にあれほどの不面目を経験したことはないと述べている。

ブロードウェイの終わりをこう記している。

……アンコールが終わって劇場の外に出た。風がなんと爽やかだったことか。しかし京子夫人は呆れ返った顔をしている。征爾はゲラゲラ笑っている。そして慎太郎は……彼は凄い。どこか違う。両作品とも一睡もしないで観終わったのである。……。蔑みの視線で私をじっと見ていた。当然のことである。

(『時の光の中で—劇団四季主宰者の戦後史』)

4　狙われた才能

ブロードウェイの二日後、『ＷＳ』の件で国務省を訪ねることになっていた。あらかじめ小澤征爾に依頼していた事前の説明を彼は約束通りしてくれていたが、ワシントンの係官は『ＷＳ』を下町の不良少年たちのミュージカルとしか思っていなかったのである。人種差別という主題がアメリカを代表することにも拒否反応を示し、ウエルメイドのこれぞアメリカといったもの以外に興味を示さなかった。『ＷＳ』について浅利さんのアメリカ政府の援助に期待する目論見は完全に失敗した。だが、彼はこれで諦めなかった。

ドイツでは、ベルリン・ドイツ・オペラの研究生としてただ一人留学していた日本人歌手、長野羊奈子（後、指揮者若杉弘氏夫人）さんの通訳で交渉も乗り切った。お礼にベルリン・ドイツ・オペラと掛け合って彼女をソリストの中に加えてもらった。訪日団二百八十余名中にただ一人の日本人歌手のベルリン・ドイツ・オペラデビューとなった。

帰国した彼は新たに『ＷＳ』日生劇場公演にとりかかる。かつてのチームはもう解散していた。ニューヨークでの失敗から、正攻法でとなると何から始めたらよいのか。まずは、国内で情報を集め、スタッフの人間関係から、日本のバレエ界にも顔の利く、ポール・ジェラードというバレエ界のプロデューサーと組むことが『WS』実現の早道と考えた。彼と一緒に新たな『WS』の新チームを東京で作るのである。ポール・ジェラードはダンサーでもあり、彼が『WS』の振付師ジェローム・ロビンスとも親しくブロードウェイとのつながりも深いとわかり、彼と組むことが最善と考え、早速手を打つことにした。

浅利さんが考えたのは、ブロードウェイでオーディションをし、合格者を必要なスタッフとともにアメリカから呼び、すべて東京の稽古場で仕上げることにする。オケは、指揮者をアメリカから呼ぶだけで、あとはこちらで用意し稽古もする。

日本側のオケ担当には、うってつけの個性派、作曲家でもある指揮者山本直純がいた。彼は二つ返事で引き受けてくれた。周りはこの企画を無理だと言った。自身も無茶だとは思っていた。が、やってみなければわからない。

一九六四年以前はもちろん、以降もこんな無茶な企画は行われていないことがわかった。だから無茶なのか。だが、その無茶は無茶ではないのだ。日本の若者に新しい息吹を舞台から吸収してほしかったからだ。稽古場は芝にある廃校になった元小学校の体育館である。これを二カ月借りることにした。

以上の段取りはトントン拍子に進んだ。ところが、これで万全と考えていた彼に最大の難問が立ち塞がった。「ドル」である。このプロダクションとの契約は、ドル決済だったのである。慌てて大蔵省に行くも、相手にされない。

当時の日本ではドルが割り当てのようになっていた。

例えば、ＮＨＫ、朝日新聞などは年間十万ドルというように。ところが日生劇場は生まれたばかりで実績もない。「大蔵省に言わせれば話にならない相手である」（浅利）。この壁を越えなければスタッフ、キャストへの支払いができない。しかも稽古は既に始まっており、初日も迫ってきている。当時の大蔵大臣は田中角栄であった。

困り果てた彼は自民党通、大蔵省通と考えているうちに大学の先輩に新聞記者がいることに気づいた。三田会の名簿に当たると、その先輩は朝日新聞の政治部次長三浦甲子二さんだった。早速連絡をとり、相談にのってもらう。話は早かった。「わかった。俺が角さんに電話してやるから会いに行ってこい。和典が案内する」。和典とは政治部の記者佐藤和典さんで朝日の大蔵詰めだった。

こうして田中角栄大臣に面会することができ、『ＷＳ』に関する特段の請願は成功した。「この間たったの五分間」と彼は記している。この間のやりとりはちょっとした漫才か漫談になる。敢えて会話の中身は紹介しないが、私は「角さん」と彼のやりとりを読んで大笑いしたものだった。その最後のほんの一部を彼の戦後史『時の光の中で』から再録しておこう。

そして田中大臣は電話をとる。「下条君を呼んでくれ」……下条進一郎為替局資金課長が一分後に現れる。

田中大臣「ここにいらっしゃるのは日生劇場の浅利慶太さんだ。今度アメリカから『ウエスト・サイド・ストーリー』を招かれるという。この作品は傑作で、日本人が観るとアメリカ文化への理解が深まるだろう。新しい文化交流のあり方として重要なケースだから、十万ドル外貨の特別枠をつくってあげてくれ給え」

（『時の光の中で——劇団四季主宰者の戦後史』）

驚いたのは浅利さんだった。「……だけど、お前さんたちが道楽するたびに外貨が減ってしょうがねぇんだ。ほどほどにしておいてくれよ」と大臣から今聞いたばかりだった。わずか五分間程度のやりとりだったが、このまとめ方はあまりにも明快過ぎる内容だった。田中角栄大臣の早口の角栄節を巧みに引き出す演出家の受け答えは、ちょっとした掛け合い漫才になっていた。角さんも聞きしに勝る大した役者であった。

日生劇場のブロードウェイ・ミュージカル『ＷＳ』は大成功だった。仕上げに来日したジェローム・ロビンス氏が舞台稽古まで仕上げをしてくれ、ブロードウェイの『WS』を超える出来栄えだと語り、日本でいい仕事ができたと喜び、感謝の言葉を残して帰国。浅利さんにとっては、ブロードウェイにポール・ジェラード氏とともに、ジェローム・ロビンス氏という強力な味方ができたことになり、改めて自身が強運に恵まれていることを四季の盟友とともに喜んだものだった。この『WS』のプロデュースによってミュージカルを徹底的に研究することができたことを彼は次のように記している。

『WS』の日本公演は実にさまざまなものをもたらしてくれた。この公演は日生劇場で一九六四年の十一月九日から十二月二十七日まで約五十回行われたのだが、そのうち二十回を私は観た。この体験が後にミュージカルを演出する力の基礎をつくってくれた。初回は唯々圧倒され感謝するのみ。二回目も三回目もそうである。しかし五回目を超えるころからかれらの手法が見えるようになってきた。「こういう風にドラマをダンスに繋ぐのか」「歌のナンバーへの入り方はA型B型……CDE型と、こんなにも種類があるのか」「セリフはここまで簡潔にしなければいけないのだ」この二十回の観劇はミュージカル創りの手法を、小学校から大学院まで一気に教えてもらった感じである。

(『時の光の中で——劇団四季主宰者の戦後史』)

開場二年目の日生劇場は、こうして『WS』によって日本の観客に予想外の猛烈な衝撃を与え続けて、約五十回を常に満席にして終了した。かつての映画に圧倒され、魅了されたファンがさらにそれを上回る舞台の迫力とその躍動感に、もう一度もう一回と劇場に通い、その口コミもすさまじかった。この制作は、浅利さんにとって一石二鳥を超える収穫となった。

自主公演一年目は、企画も制作も、そして営業も経験不足で、全体としてあまりにも高過ぎる授業料を払うことになった。だが総責任者の彼は二年目の巻き返しに成功した。中でも一九六五年六月公演の『オンディーヌ』は直ちに八月再演が決まり、またも連日満員。『オンディーヌ』の名が広く浸透するとともに日生劇場のイメージが確立されることとなった。これを受けて、浅利演出と四季に超辛口の劇評か無視を決め込んでいた演劇評論家の尾崎宏次氏も、やっと次のように書かざるを得なくなる。

「翻訳された演目が、翻案でなく、そのまま商業演劇のレパートリーになった……こういう現象はいままで商業劇場では不可能視されていたことがらなのである」

（「劇団四季創立二十周年記念パンフレット」）

そして十月公演はサルトルの大作『悪魔と神』に尾上松緑を迎え、脇は四季の俳優で固めた結果、ベテランの日下武史はハインリッヒ役で芸術祭奨励賞を受賞。興行成績も有料入場者八十数パーセントにのぼると聞いていた。

十一月、十二月と連続二カ月のロングランは『オンディーヌ』と同じくジロドゥ劇『永遠の処女』で、四季にとって双璧を成すレパートリーであった。

プロデューサー浅利は、ここで東宝専属のシャンソンの女王越路吹雪のリサイタルを東宝の松岡辰郎社長の了解のもとに、日生劇場初登場として二日間だけ決行した。その日程は極めて控えめで十月公演『悪魔と神』の楽日の翌日、十月二十九日～三十日の二回公演だった。この日程があまりにも控えめだったのは、二つの大作の間に挟まれて消えてしまいそうな、客観的にはまさに「哀しみと喜びの二日間」が演出されることになった。それは四年後の日生劇場正月公演に団友平幹二朗との二人だけのミュージカル『結婚物語I DO! I DO!―結婚についてのミュージカル―』（一九六九年）へと飛躍し、ミュージカル『アプローズ』（七二年）、同じく『日曜はダメよ!』（七四年）を経てやがて越路吹雪ロング・リサイタル、ドラマチックリサイタル（愛の讃歌）、ドラマチックリサイタル（恋の7章）、越路吹雪春のリサイタル（巴里賛歌）、そして越路吹雪80スペシャル・リサイタルへと飛躍する前ぶれであった。
越路吹雪の日生劇場リサイタルについては、越路本人とマネージャーの作詞家岩谷時子の止むに止まれぬ事情があり、東宝社長松岡辰郎氏の許諾も得ているということから、具体的な話になったものである。そしてこの決定は浅利さんの慎重な計らいによって、自身にとっても日生劇場にとっても歌手越路吹雪にとっても作詞家岩谷時子にとっても幸せな十五年間をたどることになる。
しかし、東宝の社員の気持ちは収まらない。一九六五年前後のことと思われるが、ある日の会合で、社員の不満を聞いてやらなければと松岡社長は考えたのであろう。社員たちの浅利慶太批判が最高潮に達したその時、松岡社長はこう言ったというのである。

「全くそうだ。皆の言う通りだ。全くその通り。あんな若造に何が出来る。私もそう思います。追い払われ、死んでしまうでしょう。でもみんな、万一、万が一ですよ。彼に生き残られたら東宝はえらいこってすゼ」この言葉を岩谷時子さんから聞いた時、私は全身に震えが走るのを感じた。「よし、何としても生き残ってやる」

（『時の光の中で——劇団四季主宰者の戦後史』）

松岡社長が話したということの内容を社長の立場と受けとめたであろうが、最後の言葉は松岡社長の本心であろうと理解せざるを得なかったのであろう。

一方、中央区銀座を本拠地としていた老舗の松竹は、先代の中村勘三郎が『リチャード三世』で客を集め、サルトルの大作『悪魔と神』の主役ゲッツの尾上松緑が客を集め、脇役のハインリッヒ役の日下武史が芸術祭奨励賞を受けるなどから、日生劇場で歌舞伎はできないか、関西歌舞伎の武智鉄二は、こけら落としの直後にすごいことをやったと観た者は言っているなどと、話はしきりに日生劇場の自主公演の間に入り込む余地はあるのかないのか、といった話になって浅利さんの耳に入ってきたというのである。

そんな中で、誰かが東宝の尻馬に乗って意識的にポツポツと日生劇場の彼に対する中傷を流し始めた、とするとどうなるか。そうして日本生命本社内部の日生劇場批判派が、改めて「保険会社の常識」を言い始めるとどうなるかである。

同業者の嫉妬や、鬱憤《うっぷん》ばらしの愚痴を過大に受けとめたフリをし、保険会社としてはこの誹謗中傷を単なるつまらない噂と切り捨てることはできないと開き直る。事は次第にそういった保険会社の正道論に収斂されていったと思われる。

それは、彼のプロデュースが当たって劇場経営が順調に推移するようになるに比例して内部の批判中傷は強くなっていくという、奇妙な様相を示し始めた。そして遂に一九七〇年三月十九日、以下の発表となる。

日生劇場は五月から演劇公演の自主制作を中止。以後は貸し劇場として浅利らの新プロダクションが年間八ヶ月、東宝・松竹が各二ヶ月使用と発表。浅利・石原、非常勤取締役となる。

(「劇団四季創立二十周年記念パンフレット」)

話は変わるが、日生劇場の制作方針であるプロデューサー・システムの理解が不充分だったのはどちらも経験不足だったとして、新たにそれでは新劇団ユニット方式で、直接の仕込み費を一二〇〇万とし、その第一回に劇団俳優座が名のりを上げ、一九六四年六月に『ハムレット』を千田是也演出でやったが、劇団の手売りがさっぱりで、目標に届かない。

そこで浅利さんは同じ条件で劇団四季ユニットとして、遂に伝家の宝刀を抜く。『オンディーヌ』である。

この作品は二十世紀のフランス最高の劇詩人と言われたジャン・ジロドゥの作品である。劇団四季創立メンバーが、恩師加藤道夫先生が生前夢見たその同じ夢を弟子の自分たちが、この手でいつの日か理想の劇場で完璧に実現しようとして温めてきたものである。これが新劇団ユニットの理想的姿であることを論より証拠としてやってやろうじゃないかと。

一九六五年六月四日が初日である。日生劇場に大きな垂れ幕が姿をあらわす。ＣＦはその一カ月前からオンエアされ、新聞他の媒体にも数多くの記事が出る。

その結果は六月四日の初日から五日目で早々に八月再演の決定が下され、ロングラン第一号となった。六月三十二回公演の入場券販売状況は以下の通りである。

有料入場者数＝九八％
劇団四季の手売り＝一万八千枚
日生劇場営業部＝一万枚弱
窓売り（劇場窓口・プレイガイド）＝八千枚
合計三万六千枚

（「聞き書き《四季》の二十五年」浜畑賢吉構成、鈴木利直文、劇団四季）

六月公演にこれだけの実績があれば、八月再演は左うちわで楽勝だと言っても大袈裟ではない。テレビのコマーシャルは続いており、電通の協力があり、週刊誌他の媒体、口コミの絶大な力も含め、結局のところ劇団四季俳優のそれまでの努力、日常活動の積み重ねの力によってジロドゥの不朽の名作はより一層の魅力を増し、観客の心を打たずにおかなかったのである。

日本人の日常生活の中にかつてあった芝居小屋(劇場)の記憶を呼び覚まし、人生を豊かにするための努力をすることが芝居者の理想であり、社会から与えられた特権ではないのかとは、日頃から浅利さんが繰り返し創立メンバーに、若い仲間に語ってきたことだった。

それが、劇団四季創立以来十二年目にしてようやくその成果を生きていて見ることができ、その喜びは言葉では表現できなかった。〝これが当たりをとった〟ということの実態だった。

想定通りの出来栄えだったと彼は後に語っていた。足りないところは翻訳者米村晰さんの苦心の訳語をどのように生かし切るかだ。それもかならず捕まえる。そう遠くないうちに。しかし、あの時は収支を健全なものにするのが俺の仕事だったと言い、わかるか？ と筆者に言った。

四季創立メンバーの悲願、加藤道夫追悼特別公演『なよたけ』は、一九七〇年十月十日初日の三田和代[63]の台詞に一段と磨きがかかっていると思って筆者は観ていた。そう遠くないうちに三田和代が〝オンディーヌ〟を演じるであろうと思ったものだった。二年後の十

63　三田和代(女優。1966年、劇団四季に入団。同年、『アンドロマック』でデビュー。『なよたけ』『オンディーヌ』などのヒロインを演じる。1984年退団後も幅広く活躍)

一月北海道・東北他の公演で、筆者は担当の北海道九都市公演をすべて観た。三田和代はまさにまさに、〝オンディーヌ〟であった。

再び一九六五年に戻る。十月日生劇場公演は『悪魔と神』。尾上松緑のゲッツとからむハインリッヒ役の日下武史は、この役をものにしなくてはという意気込みが、凄みに変わっていた。その願いは劇団四季の全国公演の一日も早い実現であり、日生劇場の自主制作とは一線を画す四季独自の公演スタイルの確立だった。

日生劇場の中心人物、支配人に対する様々な批判は、その狙いが彼浅利慶太を日生劇場から引きずり下ろすことだった。従ってそれらが誹謗中傷になっていくことは彼には手に取るようにわかっていた。

その経緯の一例を挙げれば非難の中身がわかってくる。

劇場開業の初年度、プロデューサー・システムで自主制作を始めたが、頭の固い新劇団は、日生劇場はアメリカの手先だとか、日本独占資本の新たな策謀などといった言葉に影響されたか、プロデューサー・システムが当初の目論見からずいぶん外れてしまい、最終的には、なあに親方日の丸さ。バックは日本一の日本生命じゃあないか。お客は劇場が団体で連れてくる。特に三大劇団は、鑑賞団体の団体割引で赤字にならない程度に買いたたかれているのを当然と考えていたので、日生劇場ならば当然その方法で集客するはずと考えていたのかも知れない。とにかく積極的にも消極的にも入場券を買ってもらうという考えは皆無に見えた。

しかし、日生劇場は従来の団体割引で集客をすることを考えていなかった。お弁当付きのお客を幕間に誘導するレストランなどは、そもそも論外だったのである。だが出演者として自分たちの舞台を是非観てもらいたいと入場券を持って空き時間を飛び歩くのは、四季の俳優だけだった。四季の俳優は創立以来ざっと十年間、全国公演後も鑑賞団体に相手にされず、自分たちが客に近づき、舞台の話をし、自分がどんな役割をしているのかを語り、一枚、三枚、五枚と入場券を買ってもらい、四季のファンを増やしてきた。その延長の一カ月平均三十回の公演は過密スケジュールの中、全国公演のためもあり、多少遠方の知友にも協力をお願いし、郵送の手間もいとわず続けてきた。

先に述べたように、プロデューサー・システムが正しく理解されず、思わぬ失敗を見た結果、それではということで各劇団ユニットで、仕込み費（制作費）を一二〇〇万円に限定して約一カ月連続上演を希望する劇団に依頼することにした。

既に述べた劇団俳優座の『ハムレット』『ファウスト』（一部）など六作品八回出演。劇団「雲」とそこから分かれた「昴」「円」が、シェイクスピアの四作品と『桜の園』で五作品五回出演。劇団「民藝」が『ヴェニスの商人』を含む三作品四回出演。それに四季が『オンディーヌ』『永遠の処女』『ハムレット』など十五作品十八回出演。以上が浅利制作営業担当取締役時代の新劇団ユニット公演の状況である。

出演回数は、与えられた場の回数である。当然、黒字公演になる四季の公演が多くなる。ここから〝浅利の日生劇場私物化〟という誹謗中傷が作り出されたのであろう。それは大きな誤解だったのだが、狙いが彼の追い落としである者たちにとっては非を鳴らすに好都合の材料だったのである。日本生命内部の反劇場派にとっては、外部の非難はその当否にかかわりなく日本生命本体に悪影響を及ぼしますよと深刻な顔をしていれば、十二分の効力を発揮したはずである。

結局のところ、日本生命としては劇場運営の赤字によるというわかりやすい事情にし、自主制作を中止と発表した。劇場の収支は彼の努力によって充分に回復した。劇団四季の総力を挙げて観客動員にも積極的に協力し、劇場稼働にも空白が出ないように劇場のスケジュールに劇団の年間スケジュールを可能な限り、合わせるようにした。それが劇団四季の出演が多くなった理由であることは、五島社長も弘世オーナーも正しく理解していたのである。

五島社長は、日本生命本社が最終決定する前に、まだなすべきことがあると考えたのであろう。

浅利さんが東急本社へ呼ばれ、五島社長と次のような話をした。

「どうも周りが喧しいようだ。浅利君、きみ劇団四季を辞めないか。そうしたら君を日生劇場の常務にする。どうだい」困ったことである。五島さんの推薦で日生劇場に行ったのだから本当は従わなければならない。そこで申し上げた。「御意向に逆らうようですがお聞き願います。私の考えでは、それぞれを軌道にのせるのに、劇場は十年、劇団は三十年かかると思います。日生はすでに十年やらせていただき、クレジットも立ち、ほぼ軌道にのったと思います。しかし劇団四季はまだ創立から二十年たっていません。誠に申し訳ないことですが、私を四季に戻らせて頂けないでしょうか」つまり昇格人事を押し返したのである。五島さんはきわめて不愉快そうなお顔をされた。長いおつきあいで五島さんのあんなお顔を見たのはその時が唯一回である。

（『時の光の中で——劇団四季主宰者の戦後史』）

四　全国公演を目指して

1　反省からの出発

どんな企業でも悪い噂が立てば経営全体に影響する。それがいわれのない誹謗中傷であったとしても、当該企業が法的な場で行う名誉回復措置がニュースとして取り上げられるだけでも、業種によっては大きなダメージとなることがある。それが現代社会の特徴でもある。

当時の日本生命保険相互会社のような業界第一位の業績を誇る企業は、それ故に常に好ましからざる噂や小さなトラブルでも最大の努力で素早く解決しなければならなかったと思われる。それは「生命保険相互会社」とお客との微妙な関係を示しているのであろう。日生劇場にからむ誹謗中傷はそこを狙っていたのであろうと筆者は考えていた。

渦中の浅利慶太は、新しく生まれた本格的な劇場が独り立ちするこの五、六年を何を言われようと子育てに集中する母親のように、一喜一憂しながらあと一年、あと半年と気を張って注意を怠らなかった。

同時に考えていたことは、都民、国民に日生劇場に対する信頼が生まれたときの身の処し方であった。有り難いことに、劇場のクレジットはレパートリーが多彩であることと、理屈抜きに観客が楽しめる作品を実現することであったから、それはそのまま、自分が社長として全責任を持つ四季株式会社（劇団四季）の財産となっていくことであった。劇場はレベルの高い社会の娯楽の場である。かつて、文芸評論家の江藤淳[64]が彼を評してこう述べていたことがあったと本人が『時の光の中で』に遺していた。

若き日、江藤淳が私を評してくれたことがある。当時書いたエッセイが演劇界を刺激し、過激な前衛、ラジカリストと私は思われていた。だが彼は「浅利慶太は楽しませ手であって、演劇の極北を目指す芸術家ではない」とはっきり書いた。彼の一言は私の芝居者としての人生にも大きな影響を与えた。

『オンディーヌ』が想定していた長期スケジュールより一年早い開場二年目（一九六五年）

64　江藤淳（文芸評論家）

の六月に上演されたのは、責任者の彼が開場一年目の大赤字の早めの一掃を図ったからだった。一億円を超える赤字をゆっくり黒字にするなどということは許されない。監督責任者の立場として早く黒字にできるものならと誰もがそう思うはずである。伝家の宝刀などと言えば大袈裟過ぎるが、浅利四季にとっては『オンディーヌ』がそれであった。先に述べたようにこれは一三〇〇人収容の日生劇場で六月三十二回。もちろん劇団四季が総がかりでチケットを売りさばき、六月公演では四季の俳優だけで一万八〇〇〇枚超を売り上げたのである。その初日から五日目には観客の感動の勢いから八月再演が決定し、その結果八月公演の三十六回を満員にした。

第一回公演から十年間の四季の活動では俳優たちは常に観客とともにあった。その努力の積み重ねが観客を増やし、ファンを広げてきた。四季のメンバーはすべて日生劇場とともにあったのである。その勢いを駆って翌年（一九六六年）五月、『オンディーヌ』は関西・東海四大都市を一カ月にわたって三十回の公演を満員にした。二年後（一九六七年）にアヌイの『ひばり』が関西・東海四大都市プラス横浜市の計十八回公演を実現した。『オンディーヌ』に続き日生劇場の舞台を、主役は変えずにを基本原則として、全国のお客様に四季の舞台をお楽しみいただくことを約束した。

その翌年（一九六八年）十一月公演にこれまた待望の『ハムレット』が三十四回。「これぞ『ハムレット』」との評価のもと七カ月後の一九六九年六月に再演。三十二回で計六十六回。積み重ねで渋みが増した舞台は終わるとすぐに関西・東海に移動し、七月いっぱいの十回公演を無事終了。この大都市は完全に劇団四季の固定客となった。その上、この年八月末に名作劇場、〈こどものためのミュージカル・プレイ〉『はだかの王様』は、日本生命の本社所在地初の大阪公演十ステージで満員の親子づれが、歌で幕を開け歌で幕を閉めることを大変面白がった。

一九六九年十一月から新たなレパートリーで三月の日生劇場を沸かせたドストエフスキーの『白痴』(宮島春彦潤色・演出)は中部、中国、四国、九州と一部関東の計二十都市二十二回公演で、初めての広域ツアーとなった。

『白痴』の主演ムイシュキン公爵に、初めて抜擢された研究生の松橋登[65]の爽やかさと、三田和代演ずるナスタースィアの情熱的演技が相まって、マスコミ、口コミに若者たちの人気は沸騰した。

年度が変わって七〇年四月から五月は、前年八月、日生劇場で公演された劇団四季の重要なレパートリーであるジャン・アヌイの『野性の女』(米村晰訳、浅利慶太演出)を中部、近畿、四国、九州の十五都市十八回公演。そして八月から九月は『白痴』を中部、関東、東北、北海道の十二都市十四回公演。この年の終わりは十一月が加藤道夫追悼特別公演『な

65　松橋登(俳優・声優。1967年劇団四季の研究所に入所。1969年『白痴』の主役でデビュー)

よたけ』、十二月も同じく『なよたけ』だった。

創立メンバーは、恩師が強くイメージしたであろう『なよたけ』を十二分に味わい尽くせるようにと心をくだいてきた。メンバー全員の祈りの舞台を古都京都、そして関東、近畿、中部、中国、四国、九州の二十都市二十三回公演に託した。

これら約八十都市は、二年がかりで成し遂げたすべて手打ち（公演の企画・制作、主催をすべて行う形態）の日本縦断公演であり、それは劇団四季全員の心意気であった。この途中、浅利さんは女優の中町由子さんと久保修さん（当時営業部）を連れて、佐賀新聞の中尾専務の部屋で取材を受けていた。突然、秘書が入ってきて、三島さんの「事件」を伝えた。彼はすぐに車を呼んでもらい
「久保、作家は自死できるけど演劇はそれをできない。あとは頼んだぞ」

そう言いおいて空港に。忘れられない一日になった。

一九七〇（昭和四十五）年十一月二十五日のことだった。

この年の五月から誹謗中傷を避けるため日生劇場は自主制作を中止としたので、劇団四季は念願の全国公演に精力的に打って出る。日生劇場での公演は、子会社として設立した日本ゼネラルアーツ株式会社（以下「ＧＡ」と表記）が、日生劇場の使用権を年間八カ月

持つことになったので、それを使って公演することになる。従来の制作営業部がなくなるので、日生劇場の方でも浅利さんにそういう方向で職員を吸収してほしいと要請していたようであった。こうなって初めて日本生命と日生劇場は浅利慶太と劇団四季の力をみとめざるを得ず、わかっていながらこういう解決を選ばなければならなかったことを残念に思ったはずであった。

弘世現日本生命社長、五島昇日生劇場社長はもとより、劇場設立の頃から浅利・石原という二人を有為な若者と見込んで支えてくれた野村証券会長の奥村綱雄氏、三井不動産の社長江戸英雄氏、日本生命東京代表の助重精也常務、公認会計士の尾沢修司氏、宇野皓三氏など経営学を教えてくださった方々も、少なくとも日生劇場を浅利が私物化していたなどとは思ってもいない方々であると、その点について彼は全く心配していなかった。

日生劇場は制作営業部の職員を中心に据えた陣容で「GA」を浅利さんに設立してもらい、「GA」の年間使用権を八カ月とし、松竹と東宝には各二カ月ということになった。「GA」の所属タレントは越路吹雪で、彼女を大スターに育て上げることが直近の大仕事となる。手始めは七〇年六月第六十五回公演＝オールスタッフ・プロダクション提携『さよならTYO！』(「GA」制作)。ロックイン・ミュージカルと名付けられた新作で、佐良直美[66]・今陽子[67]・松橋登・池田鴻[68]・浜畑賢吉らの組み合わせ。模倣から独自の新作で大飛躍

66　佐良直美（歌手・タレント・女優・作曲家）
67　今陽子（歌手・女優。1968年、ピンキーとキラーズとして「恋の季節」が大ヒット）
68　池田鴻（俳優・歌手。大学卒業後、劇団四季、東京キッドブラザーズに所属）

を遂げることはそう簡単ではない。しかし、好意的な評論もあった。

「劇団四季の出演者たちが、歌といい、踊りといい、実によく訓練されている。こういう人たちを土台にして、日本のミュージカルを育てるべきなのだ。ミュージカルの出演者は歌手である前にアクターであり、アクトレスでなければならないからだ」

（「読売新聞」安　一九七〇年六月十五日付日夕刊）

次の「ＧＡ」制作は十月十日から十一月二日で劇団四季第六十七回公演だが、北大路欣也と三田和代のコンビによる加藤道夫追悼特別公演と銘打つ『なよたけ』である。この作品は、四季の創立メンバーにとっては恩師加藤道夫先生の遺書代わりの作品だけに、その上演でやっと先生に顔向けができると受けとめる人たちが多かったと思う。加藤先生の生前、先生もそのファンも一度として満足できるような上演はなかったからである。

初日の筆者の席は前列から六、七列目のほぼ真ん中左寄りだった。札幌から駆けつけ緊張し、感動し、創立メンバーの心情がそれに重なり、泣きたいわけでもないのに溢れ出る涙に戸惑いながら観終わった。幕が下りても容易に立ち上がれなかった。こうして書きながら涙が落ちる。ああ、老いたなあと苦笑しながら五十四年前の十月十日の夜を振り返る。

作家であり文芸評論家でもある中村眞一郎氏は、次のような一文を劇団四季の機関紙、「ラ・アルプ」に寄せている。

「今回の『なよたけ』の浅利演出は全く私の意表をついた。私はあの劇を、戦争中書かれたこと、そして加藤道夫があの劇を書く過程に、親しい友人として立ち会っていた、ということで、純粋さというものが権力と衝突し、そして破れるという悲劇として理解していた。だからあの劇の対立は、大納言対文麻呂というところに主題が置かれているものと、信じこんでいた。……ところが今回は、浅利君は対立を、文麻呂となよたけの愛として捉え、従って大納言は一種の狂言回しのような役になっている。……敢えて劇の中心に、あの幼い純粋の愛をおくことによって、見事にドラマを流動させた。……『なよたけ』は、ひとりの浅利君を俟ってはじめて快活な呼吸を回復したのである。地下の加藤も驚きながら喜んでいるだろう」

（「ラ・アルプ」43号、劇団四季）

浅利さんの心の重しはとれた。『オンディーヌ』他、ジャン・ジロドゥの数々の名作、傑作を上演し、遂に恩師加藤道夫先生にとって唯一絶対の悔いであった『なよたけ』の上演を師の墓前で報告できたのだ。

これで心身ともに爽快になった彼に、残るのは日生劇場に対する恩義、劇場に対する愛と礼だけである。

それは、「ＧＡ」が企画制作するスター、越路吹雪を中心とする数々のブロードウェイ・ミュージカルであり、既に準備は整っている多彩なドラマチックリサイタルによって、全国の越路吹雪ファン、シャンソン愛好家が喜怒哀楽をともに歌いともに泣いてくれることである。自分と優れた仲間の力で「コーちゃん」を唯一絶対のシャンソンの女王に育てることである。劇団四季の歌とダンスの力量が「コーちゃん」の力、才能と対等に手を結び、新しく、素晴らしい舞台を繰り広げる日を待ってもらいたい。そんなに先のことではない。その舞台は日生劇場から、我々の全国公演のルートに乗って羽ばたくのだ。乞う御期待。

日生劇場設立以来十年間を振り返って、芝居を作ることしか知らない自分が時の勢いとはいえ、精神的、肉体的によくぞ耐えたものだと他人事のように呆れている。この十年は普通の部課長の二十年以上の内容だったと。冷や汗が追いつけないほどの速さで、山積みの問題を背負い進んできたと。しかし、今や身についたこの苦労が自分の武器になり、日本の現代演劇をより以上に活性化させていくだけであると、その心は静かであった。

一九六九年の夏の終わりに札幌市民会館で初めての越路吹雪リサイタルがあった。その前夜、舞台稽古を午後七時頃に終え、どこかで食事をしようということになった浅利さんとバンドリーダーの内藤さんと筆者、後から吉井さん、金森さんが合流した。

カニ料理の店だったと思うが、料理を注文した後、突然「梅津、内藤さんはエリザベス朝の音楽にお詳しいんだ」と。

そんな話になるとは全く予想外のことだったので、筆者は一瞬戸惑いながら内藤さんに向かって会釈するのが精いっぱいだった。彼も人が悪い。多分、市民会館のロビーで、十一月に札幌演劇協会主催の『オセロー』の公演のチラシに筆者の名前を見つけたせいだったのであろう。しかも、舞台稽古が終わって舞台に向かって「内藤先生、行きましょう」と呼びかけた後、『『青い鳥』をグランド・ミュージカルにするんだ」と言う。いつですか、との問いに「十二月」と。「作曲は内藤先生だ」と驚かせたものだった。そしてまた、『オセロー』で筆者をびっくりさせたのだ。田舎者を料理の前菜にするつもりではなさそうだが。筆者は少々緊張していた。改めて内藤さんの端正な顔をしっかり見直した。

内藤さんは「シェイクスピアの頃の音楽はシンプルなものです」と述べ、そのためそういうシンプルな音楽は現在の劇場でどういう風に使うかが逆に難しい、というようなことを考え考え話された。あとは専ら浅利さんが話し、時々内藤さんが、吉井さんが、金森さんがという風景が続き、食事になった。しかし、不思議にその年の三月、日生劇場で上演された尾上松緑主演の『オセロー』の話に触れることはなかった。

筆者はメーテルリンクの『青い鳥』がグランド・ミュージカルになることになぜか興奮していた。そして、そういう形で自前のミュージカルを作りながらミュージカル時代を、しかもニューブロードウェイとも言うべき「日本のブロードウェイ」を浅利さんは考えているのではなかろうか、という夢物語的空想と言おうか妄想に、それ以後たびたび浸ることになっていった。

2　本格的全国公演始まる

先に述べた全国公演は『オンディーヌ』『ひばり』『ハムレット』、それに大阪市の名作劇場第一回『はだかの王様』の親子観劇のステージで連続四回の公演になっていた。名古屋、大阪、京都、神戸は移動も容易であり、関東に次ぐ人口密集地帯でもある。これ以外になると急に条件が難しくなってくる。東北、北海道も然り、中国、四国、九州もかなりロスが多くなってくる。

特に浅利さんは演劇鑑賞団体もパスしてしまいがちな地域でも、無料で親子を観劇させる地域の人脈を大切にし、観劇した人々をその後の大人の公演の強力な支援者にしてしまう「母と子のヤクルト名作劇場」の方法をとった。

一九六八年十一月、日生公演『ハムレット』に合わせて営業部の強化を図り、この『ハムレット』を営業部員に観劇させたはずである。十二名の男子新人は十一月一日に入社した。団友平幹二朗[69]のハムレットは、新入社員を武者震いさせたかどうかはわからないが、演劇が好きな者はもとより、初めて四季の芝居を、しかもシェイクスピア劇を観た者は、舞台が観客に何かを語ってくれるものなのか、観客が舞台に何かを感じたと思うものなのかと、これを自分の仕事と考えた若者たちはそこに何かしら大きな影響を受けたはずである。彼等はそれ以後、それぞれが何人かの俳優たちと数名の班を作り、公演予定の地へ飛んで学ぶことになる。

全国公演が二年を経過した頃、劇団四季の旅公演は春期四十都市（東北、北海道）、秋期四十都市（関西、中国、四国、九州）、計八十都市は手打ち公演が可能になっていた。その上、「母と子のヤクルト名作劇場」の公演が春秋で五十都市を超えていた。

ある時会議で東京事務所に行くと一人、知らない顔の若者がいた。少し離れた机が彼の持ち場らしかったが、机の上には何もないのが奇妙だったので、営業部の者に聞くと、旅行会社の社員で、旅公演の年間旅費宿泊費が一億二、三〇〇〇万になるとわかって、社員

69　平幹二朗（俳優座在団中に出演した『アンドロマック』、退団後の『ハムレット』など一連の浅利演出で新境地を開き、舞台俳優としても活躍）

を一人置かせてほしいということなんですという答えだった。思わず、おお、と言ったものだった。一人張りつかせ、万遺漏なきように、とね。

日本は中央集権国家である。その便利のいい、好都合な点を活用した。役所はもとより、大企業はほとんど関東、東京に本社があった。劇団四季の旗揚げ公演以来お世話になった方々に再度甘えて各地の知友に紹介をしてもらったり、名刺に一筆書いてもらうなどのお願いをしたりといった準備を整えて目的地へ出発するという方法を取った。

浅利さん、日下さんは慶應出身であり、佐藤朔先生（当時は慶應義塾塾長）が二人の恩師だったこと、四季に慶應出身者が多かったことから各地の三田会の応援を受けることにつながった。その三田会の縁で日本医師会会長武見太郎先生（喧嘩太郎と異名を持つ）が全国の医師会に紹介の労を取ってくれた。また元日本青年会議所会頭でウシオ電機の創業者、経済同友会代表幹事と多くの顔を持つ牛尾治朗氏は劇団四季にとってこれほどお世話になった方はいないというほどの存在で、筆者の記憶では、四季の看板女優のお客様だった。何かのパーティーでだったと思うが、牛尾さんが彼女を指さして、この人に頼まれると否と言えないんだと笑っていたことを思い出す。

牛尾さんは劇団四季の全国ネットワーク作りに、電話や紹介状、名刺を使って「四季」

をよろしくと全国的に連絡を取ってくれた。

「四季」の俳優も営業社員もさすがに浅利さんが選び、教育した人たちだと感心したことがたびたびあった。事情で「四季」を退団することになった俳優や転職により退社した営業の人たちが、各地で特にお世話になった方々に退団や退職の事情と、これまでにいただいた動員協力にお礼を申し上げるため、四国に行ってきたとか、どこそこに行くつもりだとかいう話を聞くたびに、さすがは「四季」の営業であり俳優だと感動したものだった。この気持ちが全社員、全俳優に共有されていたからこその全国公演の成功だったと、短期間で手打ちが可能になった秘密はこれだったのかと筆者は再認識させられたものだった。

一九七二年一月七日、ブロードウェイ・ミュージカル『アプローズ』の越路吹雪以外の配役を全員オーディションで選ぶ日である。応募総数は一三四人。公演は六月五日〜七月十日。日本ゼネラルアーツ・劇団四季提携特別公演第二回ミュージカル『アプローズ』。合格者の雪村いづみ[70]・木の実ナナ[71]・江崎英子[72]・飯野おさみ[73]等を迎えてのブロードウェイ・ミュージカル。ブロードウェイでは八九六回のロングランを誇る作品で、以下劇評。

70　雪村いづみ（歌手・女優・画家。江利チエミ、美空ひばりとともに、三人娘の一人と称される）
71　木の実ナナ（女優・歌手）
72　江崎英子（宝塚音楽学校卒業。1960年代末に歌手としてデビュー、女優）
73　飯野おさみ（劇団四季所属俳優。男性アイドルグループ・ジャニーズの元メンバー）

ダン・ケニー氏
「……『アプローズ』は、ゴージャスで洗練され楽しく、しかもスケールの大きなミュージカル・コメディならではの劇場体験を初めて味わせてくれる」
（「ジャパンタイムズ」一九七二年六月十三日付）

阪田寛夫氏
「ひとつのテーマを伝えるために組織された舞台表と裏の技術の総合力がすぐれていることになろうか」
（「読売新聞」一九七二年六月十六日付夕刊）

「総じて適役を集め、じっくりけいこを積めば、わが国のブロードウェイ風ミュージカルもここまで出来るのだということを示した舞台である」
（「朝日新聞」彦　一九七二年六月十七日付夕刊）

草壁久四郎氏
「日本でこれまで上演されたミュージカルの多くが、それがミュージカルプレイであるにもかかわらず〝プレイ〟の部分がおろそかにされがちであることも考えれば、これはまことにその点でもすぐれた上演といえましょう……『アプローズ』上演によって日本のミュージカルが一歩前進したことを認めるにやぶさかではありません」

（「テアトロ」一九七二年八月号、カモミール社）

次のミュージカル『メイム』はその翌年、主演が越路吹雪で一九七三年五月〜七月、日生劇場だった。この年は他にロック・オペラ『イエス・キリスト＝スーパースター』が六月十九日初日で、サンプラザホールで開幕。この公演のオーディションで劇団内部から鹿賀丈史[74]と外部からの市村正親[75]が合格しデビューした。この作品ではエルサレム版のみならず、浅利慶太独自の演出でジャポネスク版（江戸版とも）が話題を呼んだ。

特にこれらのミュージカルの成功は『アプローズ』で始めたオーディションの力が大きかった。この試みで劇団内部でもオーディションに合格しなければいい役につけないと劇団員は考えるようになったからである。いい意味での競争心が彼、彼女等の間で沸々と湧き上がってくるようで面白く楽しいと浅利さんは考えていた。オーディションそのものは珍しくはないが、劇団内部でそれを厳しく実施したことがよかったのである。

この年は他に西武劇場（六三六席）が開場し、西武の堤清二氏に協力を依頼され、開場

74　鹿賀丈史（俳優・ミュージカル俳優・声優・歌手。1972〜80年、劇団四季に在団）
75　市村正親（ミュージカル俳優・声優。1973〜90年、劇団四季に在団）

記念公演としてジロドゥ作『テッサ』『ジークフリート』『間奏曲』、アヌイ作『アンチゴーヌ』『ひばり』『アルデールまたは聖女』の六作品を連続上演した。ここでちょっとした実験というか冒険をした。キャパが小さいので今回のような一作品二ステージという短期間の六作品となると採算がとれない。そこで全演目を一つの基本舞台のバリエーションで上演できるかどうかやってみた。四季の美術装置には天才金森馨がいた。いいじゃないか。見事に当たって連日満員だった。以上は、劇団四季創立二十五年記念誌「聞き書き《四季》の二十五年」の要点に手を加えたものである。

西武劇場の第二弾は九月、十月の『探偵』。出演は北大路欣也と田中明夫の二人だけ。北大路欣也は『探偵』で芸術選奨新人賞を受ける。『探偵』は翌年十一月『探偵〈スルース〉』として再演される。もちろん、連日満員。その年の芸術祭優秀賞を受賞。

創立二十周年記念として日生劇場で上演されたジロドゥ劇『エレクトル』は、一九七三年の芸術祭優秀賞を受賞した。また、「四季」は、年間の演劇活動で紀伊國屋演劇賞を受賞した。

記念公演の『エレクトル』は、筆者が入団した一九六二年の七月に行われた第二十八回公演の作品であり、ジロドゥにはそこで初めて出合った。この作品は稽古を通し、会期中の九ステージすべてを観て感激した。筆者にとっても記念すべき作品だった。

次が日本の演劇史にとっても、劇団四季にとっても重要な企画であった。それは初めてアメリカを訪れ、国務省の文化担当者に「こんなものには五セントも出せないよ」と言われた作品『WS』である。諦めない浅利さんはこの作品にこだわった。ブロードウェイのオーディションで合格したダンサーを東京で二カ月猛特訓し、最後はオリジナル振付者のジェローム・ロビンス氏自身が来日し、舞台稽古の仕上げまでしてくれた企画だった。

このかなり危険な企画から十年後、劇団四季の持てる力を総動員して制作した日本人俳優による記念すべきブロードウェイ・ミュージカル公演が実現したのである。雌伏十年と言うのは易しい。だが、この時期の彼の十年は相当以上に厳しいものだった。これを可能にするために、ニッセイ名作劇場の〈こどものためのミュージカル・プレイ〉をよりプロフェッショナルなものにするために、日常的な基礎訓練の中に、山田卓[76]門下のダンサーをジャズダンスの教師に雇用して、厳しいレッスンを続けてきた。その成果は、年々新しく入所する研究生の変わり方に明確にあらわれた。劇団員全体の肉体が驚くほど変化していった。

日本においても大型ミュージカルが将来のロングランの中心になると信じ、劇団四季が

76　山田卓（振付家。日本振付家協会会長。振付作品の多さは群を抜いた）

そのトップを走ることになることを予想していたのである。その切り札の一つが劇場であることを彼も見てとった。そしてその空間に見合った芸術家、芸術作品との出合いが新たな都市をデザインしていくのではないのかと見たことは、弘世さんという大きな人物に出会い、その言葉の端々から、社会のため人々のためにと意識した人間には、それ相当な素晴らしいことが可能であることを教わったからであろう。

さて、一九七四年二月、日生劇場公演『ウェストサイド物語』であるが、初日の幕を開けるや、演出の浅利さんをはじめ、身内の誰もが予想した絶賛のあらしであった。舞踊監督ボブ・アーディティが原振付師ジェローム・ロビンスの振りに忠実で、そのための猛特訓に次ぐ猛特訓だったが、四季の俳優たちは次第にそれを恐れなくなるほどの身体能力を獲得していたことを証明することになった。確実にミュージカル時代を拓いたのである。

創立二十五周年記念誌は、関係者からの聞き書きを編集するという新方針で、俳優の浜畑賢吉と四季株式会社の制作の鈴木利直の責任編集に成ったものである。

その中から『ウェストサイド物語』にかかわる氏名不詳のダンス特訓の話を紹介する。

「ボヴの特訓は今でもときどき話題になるけどとにかくものすごかったですね。はじめは一日八時間だったんですが、とても間に合わないということから十二時間平均ぐらいやった。稽古中に倒れる者続出という有様で、仲間のなかには、リンゲル注射のごやっかいになった者もいたと聞いています。稽古終わってマッサージとって、家に帰ってバッタリ倒れる。食事しないと明日稽古に出られないから、テーブルまではうようにして行きました。でもあの猛特訓に耐えられたということはぼくにとって大きなプラスになっています」

（「聞き書き《四季》の二十五年」）

かくて四季は、〈こどものためのミュージカル・プレイ〉の他に新たに〝ミュージカル〟が確立されたことになった。この頃二月〜四月、各都市で『間奏曲』が巡演中であり、日生劇場では『越路吹雪ドラマチックリサイタル　愛の讃歌──エディット・ピアフの生涯──』が三月いっぱい。これには四季の俳優が黒子スタイルで合唱団と状況によって適宜に恋人になったり花売りになったり通行人になったりした。セットは幅の広い階段状で、人物たちは上り下り、横あるいは斜めに動くことができる。この舞台で、四季の歌唱、合唱がプロの合唱団の上をいくという評価が関係者を喜ばせ、観客を驚嘆させた。

一九七四年は「母と子のヤクルト名作劇場」の春期公演が近畿、中部、関東、東北、北海道他での公演だった。

今回は五作目で『キューちゃんの鐘』だ。東北地方の方言が、母子の笑いを誘い、笑い声が絶えなかった。だが、芝居の作り方が甘いとかで、経験の浅い俳優と充分経験も積んでいる俳優の呼吸がいま一つ合わないと、終演後に夜遅くまで話し合いが続けられていたようだった。滝川（北海道）ではその話し合いがあったかどうかわからなかったが、留萌は移動のためそれができないことと、網走を少しでも見ておきたいとのことで、浅利さんが二人の若手俳優を誘っていた。筆者は慎重な運転をしなければと三人を乗せて終演後の留萌を発ったのは、夜八時半頃だった。網走までは二九〇キロメートルほどあり、四時間少々である。だが、北見峠で季節外れのみぞれに遭い、減速しながら峠を降りたので、網走到着は深夜一時を回っていた。

翌日は晴れていた。観光客ならば原生花園などもあるが、五月末になったばかりでは花もそうなかろうとパス。有名な刑務所の前を通り、網走湖、サロマ湖を見ながら紋別までは小一時間である。

方言の芝居を浅利さんは大事にする。というより方言こそがその土地に暮らす日本人の生きた言葉であるとの確信を彼は大切にしていた。そこで、次のような発言は彼のものであろうと、創立二十五周年記念誌からこの「旅の聞き書き」を拝借した。

「日本の芝居はほとんどすべて標準語で書かれている。日本近代化の線にそって作られた標準語は、機能言語としてはたしかにすぐれているし、《四季》もまた、その言語による芝居には習熟している。しかし、標準語は、その地方地方に独特の生活の味、うるおい、かおり、という面で欠けているところがあるのではないか、方言がそれを表現するのにより適しているのではないか、そう思い当たったわけです。いっぽうで方言に取り組み、いっぽうで標準語をみがきあげる、そんな作業が必要なんじゃないかな」

（「聞き書き《四季》の二十五年」）

これは間違いなく彼の考えで、特に東北の方言は美しいと聞かされた人は多いと思う。筆者が聞いたのはこの作品のできる十年余り前になる。

一九七五年の終わりに、ピーター・シェーファーの『エクウス』（倉橋健訳、浅利慶太演出）が十一月〜十二月、西武劇場で驚異的な大当たりとなり、翌年一月の再演を含め三カ月のロングランとなる。

この舞台作りにはかなりの試行錯誤があった。作者ピーター・シェーファーの物語は特異性に満ちている。俳優がいかにすれば自然体でその役と向き合うことができるようになれるのか。馬を愛し馬に愛され人間としての精神が崩壊していく若者。彼は愛馬ナジェットの役も兼ねている。

精神科医……日下武史

アラン・ストラング（病める青年）……市村正親

この公演がその年の芸術祭大賞を受賞する。

一九七一年以降、ミュージカル作品が多くなってくる。その初めが『越路吹雪ドラマチックリサイタル　愛の讃歌─エディット・ピアフの生涯─』（十一月〜十二月日生劇場）であった。構成・演出＝浅利慶太、音楽構成・編曲・指揮＝内藤法美《ないとうつねみ》、作詞＝岩谷時子、美術＝金森馨、照明＝吉井澄雄。〈越路吹雪リサイタル〉は、このメンバーと日生劇場がセットになった形で定着していた。だが、この年、越路がエデイット・ピアフを演じ、劇団四季の俳優たちがピアフ以外を演じるというドラマ仕立ての新しい形式のリサイタルに進化した。大賛辞を受けここで名をあげたのは、合唱団とピアフの恋人や友人、その他のかかわりのある人物を演じる劇団四季の出演者たちであった。ミュージカルへの土台は確実に出来上がっていたのである。

翌年の、このドラマチックリサイタル公演は早い順に名古屋が三月、東京が四月、大阪が七月の計三カ月。この間に『アプローズ』が六月〜七月で日生劇場。いわゆる台詞劇ではこうはいかない。新劇全体の観客は減少ぎみであることは仕方のないことだった。

翌一九七三年は劇団四季の創立二十周年で、ミュージカルは『アプローズ』の日生劇場再演（二月）と名古屋と大阪（三月）。そして新たにミュージカル『メイム』の初演（五月〜七月）、日生劇場。並行してロック・オペラ『イエス・キリスト＝スーパースター』の初演（六月〜七月）、サンプラザホール。

翌七四年には、満を持しての『ウェストサイド物語』で衝撃を与えるなど、劇団四季のミュージカル時代は着実に近づいていた。

一九七九年九月二十四日初演で圧倒的なダンスシーンと評された『コーラスライン』は観客を泣かせた。この作品も劇団四季にとって有力なレパートリーになった。それに続く一九八二年のミュージカル『エビータ』は、南米アルゼンチンに実在した悲劇の大統領夫人、エバ・ペロンの物語。作曲はアンドリュー・ロイド＝ウェバー（イギリス人）。劇団四季ファンの方々にはなじみ深い天才的作曲家。ビートルズの次に現れて、日本の舞台芸術のありようを一変させた『キャッツ』の作曲家であり、『オペラ座の怪人』『ジーザス・クライスト＝スーパースター』などで、美しくもまた魂をゆさぶられる力強いメロディーを世界に送り続けてきた。ビートルズに続くイギリスの至宝と言われる存在である。

3 『ミュージカル李香蘭』――歴史の真実の一コマとして

本題に先立って、これと深いかかわりのあるオペラ『蝶々夫人』について少し説明したい。

その初めはプッチーニのオペラ『蝶々夫人』だった。浅利さんはミラノのスカラ座から『蝶々夫人』演出を依頼される。正確には、指揮をつとめるロリン・マゼールから二十年前の東京での約束を果たしてくれよとの連絡があったからだ。この公演で『蝶々夫人』もプッチーニが意図した『蝶々夫人』になり、大々成功のうちに終わった。その直後から、次はオリジナルのミュージカルを、と考えていた。プロデュースのすべて、台本から演出のすべてを自分一人の責任において、自分の歴史観、世界観のもとで行い、日本人と日本国の名のもとにあらゆる国の国民に観せられる単なる娯楽でないものと、その構想はかなり漠然としてはいた。

しかしながら『蝶々夫人』の感動で日本クルーの全員が感じたであろう日本人としてのアイデンティティーと、その力に刺激されたことが原因になっていたことだけは確かなことであった。

彼は考えていた。自分はオペラの演出で、イタリア人観客を絶叫させた。オペラの鑑賞眼に関しては自他ともに許す見巧者《みごうしゃ》が、完全に生まれ変わった『蝶々夫人』に熱狂したのをしっかりと見たのである。改めてそれを確認した。登場人物と演出家だけでは非凡なる舞台は作れないのである。物語の筋が、人の心を打つように表現されているかどうかであり、それによって舞台の出来はおおむね決まってしまうのである。それが『蝶々夫人』の台本とプッチーニの音楽だったのである。彼はこのオペラの音楽を聴きまくった。その音楽が台本以上に台本だったからだ。彼にはとうにわかっていたことを再確認、再々確認しただけだったのだと思う。

今までもミュージカルは多数作ってきた。いい結果を残してきた。しかし、次のミュージカルは本そのものから自分が手をかけようと、いわゆる作家の魂がにわかに大きく膨らみ、動き出していた。その浅利慶太の魂が李香蘭の自伝『李香蘭　私の半生』(山口淑子・藤原作弥著、新潮社)に狙いをつけたのだった。

彼の舞台のパフォーマンスに対する考えは、徹底して台本を中心にするものだった。「それに比べれば、演出は全体の三割程度でしかない」というのである。そういう彼のアンテナに触れたのがその頃出版される予定の『李香蘭　私の半生』だったのだ。

李香蘭はかつて国際的大スターで映画や歌謡ショーはいつも超満員。戦時中によく歌われていたことも知っている。「夜来香《イエライシャン》」「何日君再来《ホーリージュンザイライ》」「蘇州夜曲《フェイ・ユイチン》」「迎春花《フィッシュ・リョン》」などはもちろん、戦後中国から帰国し、結婚して山口淑子から大鷹淑子となり、参議院議員になったことも知っている。しかし今の若者は知らないだろうと「劇団の若い連中に、『李香蘭』の内容について話し、これをやろうと思うがどう思う？　って聞いてみたら、一番興味を持ったのは、十三年しか続かなかった幻の満州帝国というのはどういう国だったのか、ということだった」。これはジャーナリストの下村満子さんと浅利さんの対談での話だ。

彼としては、若い連中の反応から、これではミュージカルにしなければ観客を納得させられないことを再確認したことになってしまった。とにかくこれを楽しく観せて重く受けとめさせるには、ミュージカルでなければ難しい。それにあたって絞るべき的は二つ。満州事変から、謀略で戦争を始めたのは日本一の精鋭部隊である関東軍だったこと。『李香蘭』の物語は、歴史の真実に向き合い、中国の古代の思想家老子の言葉と言われている「以《い》徳報怨《とくほうえん》」が大きなテーマであること。歴史の波にもまれ、大スターになった李香蘭は日本の敗戦によって中国軍に逮捕され、裁判で漢奸《かんかん》（自分の国を裏切った者のこと）として死刑を宣告されるが、彼女は中国人ではなく日本人であるとの証拠の戸籍が刑の執行前に北京の両親から届き、死刑判決は破棄され無罪となった。中国の民衆はこれを不満に思い、なおも「死刑」を求めるが、裁判長は、「彼女に対する死刑の判決は漢奸に対する刑であったが、この娘は中国人ではなく日本人であることがわかった。そうである以上この娘に対する刑は破棄せざるを得ない。ただし、中国人を装い、映画に出て中国人を欺き、大勢の中国人を侮辱した道義上の責任はある」として最後にこう宣言する。

徳を以って怨に報いよう（「以徳報怨」）。

この思想は古代の思想家老子の言葉と言われている。李香蘭に対する処置は当時の中国首相周恩来の考えだった。いずれわかる日がくると。台湾に撤退した中華民国の蔣介石総統も同じ思想を受け継ぎ、敗戦で滅茶滅茶になった日本に対し戦後賠償を求めない「以徳報怨」を連合国の中でいち早く宣言し、日本の国を救ってくれたのであった。実は、この蔣介石総統の書いた扁額《へんがく》が、佐藤栄作元総理の公邸の応接間に飾られていて、浅利さんによれば佐藤総理は常に蔣介石総統は敗戦後の日本の恩人であることを忘れてはならないと考えていたということであった。

佐藤総理と浅利さんの関係は、創立メンバーの水島弘の亡父と佐藤総理が同郷であり、学生時代からの親友で、進路も東大から鉄道省と一緒だった。両家は家族ぐるみの付き合いをしていた。佐藤総理夫人寛子さんは気さくな方で、水島からいつも芝居のチケットを十枚買ってくれた。

この総理夫人寛子さんの頼みで、浅利さんが総理の家庭教師になったのは第二次佐藤内閣の誕生前後のことであった。夫栄作の長州なまりが強すぎるので、誤解されることも多く、それをなんとかして直してほしいということだった。彼は自称、生粋の江戸っ子でもあり演出家なので、うってつけと寛子夫人は考えたのである。

水島の後援会長でもある寛子夫人の願いを聞かないわけにはいかないということで、日常の雑談の中で気のついたことを申し上げることにした。総理は例えば「そういうことだ」と言うところを「そういうこんだ」と言ってしまう。この「こんだ」に力が入りすぎると、人によっては叱られたのかな？　というような迷いが生じる恐れがあると寛子夫人は心配していたのである。政界の団十郎と異名をとる男ぶりで、目も大きい。あの顔で「そういうこんだ」と言われるのはあまりいい気がしないのでは、という夫人の気遣いであった。

互いに多忙なことから、総理とは時間を決めずお互いの空き時間を利用して伺うことにした。話すことは最近の東京のこと、日本の政治のこと、世界の情勢から互いの趣味の話だったり、経済の問題だったりで、もちろん、テキストなんかは使うわけがない。

この数年間のお付き合いからは浅利さんの方が大切なことを学ばせてもらったとは当人

の述懐であった。特に、台湾、蔣介石総統、中国の関係に彼も一枚噛んで、中国に詳しく、小澤N響事件の時にずいぶん世話になり、中国の要人にも信頼されている友人白土吾夫《しらとのりお》氏[77]を総理に紹介し、その結果を総理から感謝されるなど、自然に総理のブレーンの一人として重要な役割を果たすことになっていった。その話はここまでにするが、総理を辞められた後も二人の信頼関係は友情といってもよく、互いに尊敬し合い、それは長く続いた。そういうことから彼が『李香蘭　私の半生』に素早く反応したのは佐藤総理と二人だけの熱く濃厚な時間を共有したことのあらわれであったと言っても過言ではないように思う。

『ミュージカル李香蘭』の台本を完成させるために彼が中国東北の遼寧《りょうねい》、吉林《きつりん》、黒竜江《こくりゅうこう》の三省に取材旅行に行ったのは一九九〇年の八月頃だったとどこかに書いていたと記憶しているが、台本の構想は九分通り出来上がっていた。その上で必要なものは現地で過去を想像することだったのだと思う。

順序として彼はまず、瀋陽《しんよう》市（旧奉天《ほうてん》市）近くの撫順《ぶじゅん》戦犯管理所を訪れる。満州国政権の高官、日本軍の将官など多くの人々が収容されていたが、ソ連軍に連行された抑留者の悲惨な状況とはうってかわり、ここでは一定期間を経て釈放され、帰国を許された。不当と怒りの声を上げる中国人は多かった。それを抑えたのが先にも述べた周恩来首相だった

77　白土吾夫（日中文化交流協会会長秘書。事務局長として中国に30回以上も訪問し、中国要人から絶大な信頼を得ていた）

というのである。

そして浅利慶太の心に突き刺さることになる平頂山《へいちょうざん》虐殺の場に向かう。そこには簡単な屋根がついており、土の上には白骨が散乱しており、あるものは土中から上に突き上げた形になっていた。その下には白骨になった八〇〇体と言われている中国人の遺骨がそのままになっているということであった。遺体を数えきちんと整理して共同墓地のようにして埋め戻したものなのかを随行する中国人に聞いたが、詳しいことはわからなかったようで、八〇〇体の上にただ屋根をかけて博物館にしたと彼は聞かされた。このやり方はあまりにもひどい。犠牲者に対する扱い方として最低だと考えた。

そう考えたのは無理もなかった。百聞は一見にしかずである。何ということだ。日本軍の非道を永遠に示すため、多数の死者を永遠に虐殺し続けることになりはしまいかと。平頂山事件は一九三二年九月十六日に起こった。抗日ゲリラ数名が撫順炭鉱を襲い、日本人技師が数人死亡。これを追跡した守備隊は、ゲリラが平頂山の村に隠れたと推理し、全村民を戸外の崖下に整列させ、ゲリラについて詰問する。しかし村民は何の反応も示さなかった。そこで怒り狂った守備隊長は「撃て！」と命じ、六丁の機銃は火を噴く。約三〇〇〇人とも言われる村民の遺体は崖を爆破して大量の土砂で埋め、隠蔽する。

すべては満州国を思いのままにしようとした関東軍の野望が、関東軍の全将兵に行きわたっていたところから始まったのではないのか？　日本から新天地を求め、理想の国のために尽くそうとして集まった日本人も多い中で、彼等関東軍は開拓者を言い訳にし、事実と異なる状況を捏造し、軍団を肥大させ戦費を増大させていく。そんなことを考えながら彼は手に入る資料を読み込んでやってきたのだ。

その中で『李香蘭　私の半生』にもあった満州映画協会に、かの甘粕《あまかす》事件の首謀者だった男が理事長としてやってきたことを知る。一九三九（昭和十四）年のことである。関東大震災の後の大混乱の最中、憲兵大尉、甘粕正彦は部下二人とともにアナキスト大杉栄と伊藤野枝とその甥・橘宗一（六歳）の三名を憲兵隊本部に連行。これを殺害し、同本部裏の古井戸に遺棄した。これが世に言う甘粕事件である。甘粕の上官は東條英機である。

この元軍人は事件の後、わずか三カ月足らずの軍事裁判で禁固十年の判決を受ける。しかしその三年後に皇太子ご成婚に伴う恩赦で七年半に減刑。さらに獄中の生活態度が評価され一九二六（大正十五）年十月六日に仮出獄し、予備役となる。その一年後の七月から陸軍の予算で婚約者と一緒にフランスに渡る。

浅利さんは、この一連の政治的、軍事的流れの中で力をのばしてきた東條英機の隠然たる勢力が関東軍、満州帝国を牛耳っていたことを肌で感じたような気がしていた。

彼は一九四〇（昭和十五）年四月、当時の住居麹町区（現千代田区）永田町の家から近くの永田町国民学校（現自民党本部前）に入学。翌年十二月、太平洋戦争勃発を機に淀橋区（現新宿区）下落合三丁目に転居。落合第一国民学校に転入。同校同学年に水島弘、第二小学校には吉井澄雄がいた。一九四四（昭和十九）年十二月二十八日、東京への空襲が激しくなり、母、姉とともに軽井沢の祖父母の別荘に疎開。いじめに遭い、一時登校拒否となる。翌年の八月十五日、軽井沢から長野へリンゴの買い出しの帰途、敗戦を知る。

この頃李香蘭は、義姉の李愛蓮の知らせで奉天から逃げようとしていたところを、中国国民軍に逮捕され上海に連行されていた。昨日までの世界的大スター李香蘭は一夜にして〝にっくき漢奸〟と石を投げられる裏切り者になっていた。李香蘭は、映画と歌謡ショーと慰問の旅で何も知らず何も考えられないうちに、日本は敗戦国になってしまったのだ。

たった一度の大戦果発表によって、次々と戦果発表をせざるを得なくなった。恥知らずの嘘の大本営発表によって、若者を泣かせ、親兄弟を泣かせる戦争屋は敵も味方もなく、たわけである。

『ミュージカル李香蘭』の第二幕は、初めからそのような思いに貫かれている。

浅利さんは中国の東北三省を歩き、平頂山村の虐殺現場を見て、なぜこのような殺し合いが人類の歴史からなくならないのかに胸をかきむしられる思いをしたはずである。何千年もの間殺し合いによって物事を解決してきた人類は、「以徳報怨」という偉大な智恵を世界に広める努力をなぜしなかったのか。筆者はこのことで彼と話がしたかった。

しかし、戦争はここに登場する人々みんなが否定すべきことと思いながら、既に負けることが決まりつつある国の、苦しみつつ必ず勝つ日が来ると自信をもって言ってきた人たちも、やっぱりこの世に思いを残して死んでいく。ああ、なんてことだ。

そうして彼は自分に対する新たな課題を見つけた。〈昭和の歴史三部作〉である。ともにミュージカルで、第二作『ミュージカル異国の丘』はシベリアの悲劇であり、第三作『ミュージカル南十字星』は南の島々の悲劇であった。十五年戦争と言われる満州事変から太平洋戦争の終結まで、日本の理想と野望がもたらしたあまたの犠牲者は日本人では軍人、軍属二三〇万人、国外の民間人が三〇万人以上、国内の空爆の犠牲者が五〇万人以上と言われている。アジア太平洋地区では一〇〇〇万人から二〇〇〇万人とも言われている。

〈昭和の歴史三部作〉は、これらの犠牲者に対する慰めと言葉にならない悔恨の情の表明だったのであろうと筆者は考えている。

4　幸運の『キャッツ』がやってきた

ミュージカル『キャッツ』は、一九八三年十一月十一日、きっかり一年間のロングランが、この夜に幕を開けた。このまま上演し続ければ、この同じ場所で少なく見積もっても五年は続いたであろうと思われた初回の東京公演は、一九八四年十一月十日、千秋楽となった。

この日の昼公演で二十回を超えるカーテンコール。夜は午後七時七分、通算四七四回の公演が終わった。この夜のカーテンコールは、日本では珍しい全観客によるスタンディングオベーションとなった。拍手は鳴りやまず、観客は別れを惜しんで涙を流した。

ヒロイン、グリザベラの久野綾希子[78]の紹介で、作曲家アンドリュー・ロイド＝ウェバーと氏の妻がステージに現れ、ロイド＝ウェバーは挨拶でこう述べた。

「すばらしいパフォーマンスでした。私の作品が日本で上演され、三年前からの夢がかなった。いつかロンドンで、このキャストでやりたい。行政当局がテント劇場に理

78　久野綾希子（ミュージカル女優。『エビータ』『キャッツ』など1972〜86年、劇団四季に在団）

解がないなら、この劇場を丸ごと買いとって持って帰りたい」
（「報知新聞」一九八四年十一月十一日付）

かつて筆者は『キャッツ』初演の千秋楽のスタンディングオベーションの観客とともに拍手と歓声を上げながら、目の前で行われているグリザベラの若い身のこなしとアンドリュー・ロイド＝ウェバー夫妻の様子もしっかり目に焼きつけていた。

この十年ほどの間に浅利さんが一番真剣に考えていたことは、どうすれば芝居者が普通の生活ができ、自分のやるべきトレーニングを心おきなく日課として丁寧に続けていけるかということだったと思う。劇団の全関係者を月給制にしてから既に十年になるが、常に不安は付きまとっているからだった。そのたびに、ロングランが打てる小屋を自前で持てるようにならなければ話にならないと。

ストレートプレイでロングランが可能な小屋は客席が五〇〇から六〇〇人ほどの小劇場だろう。このままでいけば、ほどなく総勢一〇〇〇人になるのは二、三年後であろうが、そこにはある意味で、小劇場を十軒持ち、常に満員にできるようなプレイが日本の劇作に可能であろうかという悩みがついて回る。外国のものは原作に翻訳料、それに上演権と条件が厳しいので、あまり利益にはならない。劇場は地下劇場にすれば地上よりはかなり安くつく。その資金をいかに確保し準備するのか、旅公演でコツコツ貯めるのか。これでは常に堂々巡りになるだけだろう。

俳優を育て、舞台に立たせるには三年はかかる。その間は持ち出しになる。四年目から舞台に立ち、旅公演か地下小劇場の小ロングランができるかどうか。優れた本は一体何年に一作か、何年経っても一作も出ないかもしれない。このあたりで考えるのを中断していた。

アメリカのブロードウェイは企画によっては充分な資金を集め、当たれば配当を出す。出資が倍になることは珍しくないという。必要充分の席数を持った小屋のロングラン、一年続けば充分に潤うのである。と、まあこんなことを繰り返し考えてきた。

しかし、大型のミュージカル、例えば「コーちゃん」が主役の『アプローズ』はどうだったか。主演の越路吹雪以外は全員オーディションで決めるということも宣伝になった。初演は日生劇場でざっと四十日。好評だった。翌年二月、日生劇場で再演し、三月は名古屋、大阪。その三年後（一九七六年）に再び六月公演が日生劇場。また、一九七一年十一月～十二月で『越路吹雪ドラマチックリサイタル　愛の讃歌―エディット・ピアフの生涯―』が満員。

しかし、スター越路吹雪主演のミュージカルと劇団四季のミュージカルは互いに比較の対象にはできない。ただ言えることは『アプローズ』も『メイム』も『イエス・キリスト＝スーパースター』も『ウェストサイド物語』もかつて映画で一世風靡したものだけにちょっと気をつけなければならないが、ブロードウェイの『ウエスト・サイド・ストーリー』をやり、その数年後に初演した四季の『ウェストサイド物語』に驚きの声が上がったのは、四季の俳優の技術力と演技がミュージカルになっていたことだった。そこではお客の反響と四季の配役とダンスと演技が噛み合っていたからだと客観的に見ることができるのである。

また『コーラスライン』は台本と強力なダンス力であって歌もよかった。そして『キャッツ』直前のミュージカル『エビータ』も上々の内容だったし、『ジーザス・クライスト＝スーパースター』も、浅利さんが江戸版と言って区別している歌舞伎風のパフォーマンスが可能だったように、俳優にしても演出にしても別の可能性が見えてくるところが面白いし、より素直に言えばやっぱり曲の美しさ、力強さが魅力だった。

そこから彼の勘が強く働いた。ロンドンで『キャッツ』を観た限りでは、ウチの俳優たちもかなりいい線までいけると客観的に判断できたことだった。決心するにはもう一つの理由があった。『キャッツ』の物語は、全体として見れば一つの魂の救済のために大勢の猫たちの祝祭の宴が続くというようになっている。日常的な普通の家庭人と同様のささやかな幸せも味わう余裕もないまま彼岸へ旅立った仲間への慰めのためにであった。

「やろう!!」この決心が早かったところが運だった。

作曲家のアンドリュー・ロイド＝ウェバーは既に友人であったし、演出のトレバー・ナンにしてもちょうど十一年前、日生時代にシェイクスピア作品『冬物語』『ウインザーの陽気な女房たち』を持ってやってきたことがあった。中でも彼が感嘆したのは、『冬物語』の大胆な解釈だったようだ。これこそがシェイクスピアの国の底力なのかと驚いたというのである。とにかく、二人は仕事を通してかなり理解し合っていたので、二つ返事という具合に快く日本公演のライセンスを与えてくれたのである。「ＯＫ！」だったのである。難問はその後に来た。


日本には一〇〇〇人前後の客席を持つホール、市民会館、私有の劇場、法人、公共を問わず長期に貸す小屋はないに等しく、『キャッツ』のように舞台からはみ出し、左右の客席までつぶしかねない舞台美術のために、多少とも舞台やプロセニアム・アーチに加工を施すことを許容する持ち主、あるいは管理者は皆無と思われることであった。猫の目から見たゴミ捨て場の様々なゴミ、不用品、廃品は人間の目で知覚する大きさの何倍も大きいのである。それらが舞台の前面にうず高く積み上げられているのである。それが飾れなければばこのミュージカルは上演不可能なのであった。聞くだけ野暮と思いながら、でも念のため、後学のため、と恐る恐る尋ねてみると、にべもなく「何を考えてるの?」ときた。

三人寄れば文殊の知恵、劇団総会を開いてみんなで考えてみた。すると技術部の若い社員が、「だったらテント劇場にしたらどうでしょう。法規上一年は使えます」と言う。問題はその他にも飛び火する。ロングランとなれば数カ月分チケットをまとめて発売しなければならない。プレイガイド中心のやり方ではとんでもないことになってしまう。「それは鉄道の切符と同じ考え方、今どこが空席かという風に考えればコンピューターでできます。それを電話販売と連動させればいっぺんに解決します」。別の若者が提案する。彼は営業だ。

浅利慶太の情報通にはいつも驚かされる。後で知ったことだが、その頃雑誌「ぴあ」が同じことを考えていた。まさに催事に群がる若者の悩みをどのように解決するかであった。「わかった、そっちはオレがやる」。早速「ぴあ」の矢内社長に会うことにした。そして翌年に予定していた「チケットぴあ」を『キャッツ』開幕に合わせてもらうことにした。

空き地探しはそれこそ猫の手も借りたかった。とにかく会議が終わったらみんなで地域を決め、探そう。女子は二人一組、男子は一人でよかろう。どこにどれほどの土地が空き地になっているか、それはどこかの不動産屋の管理となっていないか。できるだけ公の所有地であることが望ましい。不動産屋、と口にして迂闊《うかつ》だったことに気づいた。三井の親爺さん、三井不動産の江戸英雄さんに早速電話を入れ、ご無沙汰を謝し、手短にテントシアターの件で空き地を探していることを話した。江戸氏は「個人も法人も長期間空き地にしておく鷹揚な人は今いませんよ。都か国の管理地でしょうなあ」と言い、「調べて電話しましょう」と言ってくれた。その時「新宿西口を使うことはありませんか。西口を出るとすぐ目の前にかなり広い土地が空いていますよ。先ずは行って確かめてごらんなさい。多分国の土地です」と言った。不覚というのもおかしいが、彼は新宿西口を使った記憶はなかった。あったかも知れないが、目に付かなかったのであろう。人の日常はそんなものだった。誰かがその空き地を見つけてくるだろう。

結局、その土地は国の所有とわかり、これを一年間借りることにした。

さて、次から次へと問題は常にお金のことばかりだった。『キャッツ』のテント劇場はその時点で付随するものを含めると、予算は八億円を超えると浅利さんは記している。通常の舞台仕込み費は五〇〇〇万円から七〇〇〇万円、とも記していて、仕込みだけで十倍以上である。このまま進めていけば宣材、マスコミの広告費などは共同主催でいけるが、もしも失敗すればその時は三十年の苦しく美しい劇団四季の歴史に幕を降ろせばいい。それが当時の彼の胸中であった。「そう思うと明るく楽しい破れかぶれである。」と『時の光の中で―劇団四季主宰者の戦後史』に記しているのは、逆に何としてでもこの『キャッツ』を成功させずにおくものかとの強い気持ちのあらわれと見ることもできた。

劇団創立時、エリオットの詩集『荒地』を劇団名にどうかと先輩の俳優芥川比呂志さんに相談したことがある。若いうちはいいが、年をとってから困ることになるよ、と反対され、芥川さんのすすめる「四季」になったというほど、エリオットに入れ込んでいた浅利さんだったが、『キャッツ』の台本作りは至難だった。

エリオットの詩は専門の英文学者にも難解なものだった。言葉遊びから歴史、時間、追憶、そして救済、というキリスト教神学に関するテーマが、意味不明に並べられている。これらをどう扱えばよいのか。彼は慶應高校からの友人で英文学者の安東伸介氏に相談した。安東氏は、この詩は日本語の特性からもミュージカルの台本にするのは不可能と伝える。それでも諦めずに食い下がる彼に安東氏は次のような示唆を与えた。

（前略）そこで私は浅利君に、可能な限り固有名詞は原譜の位置にそのまま置き、残った音節に、原詩の意味とエスプリを出来るだけ生かした日本語をはめ込んで行くよう提案した。これもまた決して容易な仕事ではなかったが、浅利君はその方法で、日本語台本を作って行った。

（『キャッツ』福岡公演プログラム〝猫の〈メサイア〉〟、劇団四季）

『キャッツ』上演についての要件をすべてこなし、帰国の時が来て、機上の人となった彼が平常心に戻った時、思い出したのは続け様に逝った二人の盟友のことだった。

一九八〇年十一月一日、手遅れの胃癌で浅利さんたちが見守る中、「ファンタスティック」とつぶやいて旅立った同志、金森馨の霊を慰めるため。生きていれば『キャッツ』の美術に、彼らしい色彩豊かな色づかいで観客を喜ばし、自分も楽しんだであろう金森のためにも。またその四カ月後、一九八一年三月五日初日の『ちいさき神の作りし子ら』のヒロイン、サラ・ノーマンという先天性聾唖《ろうあ》者の大役と格闘中の影万里江が稽古中に倒れ、手遅れだった。初日五日前、誰もが気づかなかった脳腫瘍が、疲労のため急速に肥大化したのか。四季の看板女優にして同志、彼の伴侶でもあった影さんは急逝した。

ロンドンで『キャッツ』を観た時、どうしても二人のためにこのミュージカルを日本で成功させたかった。当てたかった。『キャッツ』をロングランに仕上げたかった。その自信は時間とともにいよいよ強くなったが、不安を抑えることはできなかった。彼の仕事は歌詞の翻訳から始まった。そして勝った。

その結果は、安東氏の危惧を裏切るような完成度を見せることになる。安東氏はこう述べている。

（前略）ロンドンの地名の連想が創り出すイメージなど、原詩では無論大切であるが、日本人には殆ど理解しにくい。そういう箇所などは、大胆に原詩をカットして、原詩のイメージに相応する、日本人に親しい別種のイメージに置き換えたところもある。（中略）自宅にも研究室にも、何度浅利君から質問の電話を受けたか知れない。信濃大町の四季の山荘からも何度か質問の長電話がかかり、その度に私も頭をかかえ込んだ。家内が浅利君の電話を私に取り次ぐと居留守を使おうかと、思ったこともあったほどだ。（中略）日本語台本は、その構成において『キャッツ』の宗教詩人T・S・エリオットの思想を適確に捉えた作品であると言いたい。さまざまな意味で浅利君の日本語台本もまた、ウェバーの音楽と同じように、〈ノンセンス〉を〈センス〉に転化した、と言えそうである。

（『キャッツ』福岡公演プログラム〝猫の〈メサイア〉〟）

浅利慶太を取り巻く友人たちの力は大きかった。

サンケイ新聞の役員清水大三郎氏は大分県湯布院の温泉旅館の息子であり、まさに九州男児である。電通の役員成田豊氏とのコンビが力強かった。この二人はまず共同主催にフジテレビを説得してくれた。当時は鹿内春雄氏が実質的トップであり、彼は『キャッツ』に興味を持った。社長は石田達郎氏で、彼とはベルリン・ドイツ・オペラの独占放送をフジ・ニッポン放送グループにという話をした時以来の知り合いでもあった。その時はオペラ公演の大スポンサーであった塩野義製薬の塩野孝太郎社長にその旨を打診すると快諾してくださった。「広く国民のみなさんのためになることですから、料金などもちろん要りません。しかし一つだけお願いがあります。この訪日公演はシオノギ製薬の支援によって成り立ったことを明らかにしていただきたい」。これ以後、石田社長にはずいぶん可愛がっていただいた。その石田社長に『キャッツ』共催の条件としてフジテレビから一日十本のCMを出してもらうこと。この条件を飲むのは大変だったと思うと述懐している。

これらの多くの人の協力で『キャッツ』初演は丸一年のロングランを達成した。

こういうやり方で次々と大阪、名古屋、福岡に展開し、すべてが大成功。東京の大成功が、他の地域の都市の成功に大きく影響していたことは言うまでもないが、電波以外のマスコミも地域のため国民のために記事を書いてくださったことに感謝したものだった。これは常々浅利さんの言葉となっていた。

福岡公演はソニーの盛田昭夫会長、ウシオ電機の牛尾治朗会長から、福岡シティ銀行（現西日本シティ銀行）の四島司頭取が『キャッツ』の福岡公演を望んでおられる、とのことで彼は恐縮しつつ四島頭取に会い、『キャッツ』福岡公演にご協力をお願いした。福岡公演はシーサイドももちにテント劇場を建て、七カ月の実績を上げた。

ももち浜の『キャッツ』シアターで浅利さんに会うと、「おう梅津、俺は明日、北海道へ行くぞ」と、にこりともせず言い放った。ご苦労様ですと応えたが、彼は筆者が家庭の事情で四季を辞め札幌から熊本に移ったことなんぞに納得してはいなかったのだ。

札幌ではフジサンケイグループの最高顧問になられていた石田達郎氏のお世話になるはずと思っていたが、石田さんは数カ月後に亡くなられた。しかし、石田人脈の最大の勢力は北海道新聞社であった。実力派の常務作田和幸さんがその人である。浅利さんの「石田達さまの弔い合戦をやりに来ました」という一言で、「道新は俺に任せてくれ」と力強く言ってくれた。石田さんがこだわったスポンサーも北海道銀行の堀寛頭取が中心になり形成された。結果はＪＲの駅構内の空き地に『キャッツ』シアターを建設し、札幌駅から歩いて二、三分のテント劇場は十一カ月のロングランに達した。

これで北海道から九州まで、東北は少し遅れるが、大まかな「日本のブロードウェイ」と考えてみるのもいいかも知れない。やがてこれらのテントは固定の劇場にかわっていった。

現在東京では五つの劇場が毎日ミュージカルを上演している。

信濃大町の「劇団四季 浅利慶太記念館」と隣接する巨大倉庫群、また野外劇場用地であると浅利さんが話していたらしい土地があった。だが彼はもういない。急に「記念館」や倉庫群が北アルプスに大声で何かを呼びかけているように思われた。

「まだ生きていらっしゃるんだな」とつぶやいてみる。

KEITA ASARI'S
AIM FOR BROADWAY
IN JAPAN

あとがき

本書には「序」がない。読者が〝あれっ？〟と思い「あとがき」を先に読むことを密かに期待しながら、四、五十年前までは書籍は「あとがき」から読む少しヘソ曲りの読者も多かったと思い出していた。私自身がそうだった。

本書は五年前、師の浅利慶太が亡くなった後に上梓した私の「浅利慶太論」のいわば普及版と位置づけ、特に若い方々に読んでもらいたいとの思いから生まれた。

生前の浅利さんの、あまり知られていないエピソード。少年のような無邪気な表情で笑い笑わせた。あの頃のこと。旅公演の列車の中で、半ばふざけ半ば本気の話をして、みんなで大笑いをすることがよくあった。そんなことを加え、先の書の約四〇〇ページ近い量を半分ほどにし、少しだけ読み易いものにした。また、若い観客の中には、劇団四季をミュージカル劇団と思っている向きも多いとは外部からの声だが、それにも少し触れよう。

まあ、ミュージカル専門劇団でも悪くはない。しかし、素晴らしい創作ミュージカルを何作も世に出した浅利演出はセリフ劇を一番大切にしていた。

ミュージカルの役者には歌唱力とダンス力が求められるが、最も大切なことは俳優であることだ。オペラもそうだが、美声で声量があってもいいオペラ歌手になれるわけではない。日本のオペラはミュージカルより歴史は古いが、ややもすると、まだ自分の声の質のみを前面に出そうとし、それと声量で満足しているような歌手は、大抵芝居が下手で閉口する。しかもそういう歌手に限って歌詞が聴き取れない。ミュージカルはまだ声に多少の難があっても、マイクの性能がいい昨今では演戯力で過不足なく楽しませることができる。やっぱり、舞台でものを言うのは演戯力なのだ。

劇団四季は創立以来、フランスの劇作家、ジャン・アヌイとジャン・ジロドゥの二人の作品を特に大切にしてきた。アヌイは人間の世界で「純粋」を貫く人物の悲劇を見つめ、ジロドゥは宇宙的存在としての人間を描き、自然や超自然と仲良しになろうとするが何時も裏切られる。でもまあいいか、いつの日か仲良くなれると。そういう発想がジロドゥだ。浅利さんは五〇〇席ほどの小劇場も造った。また長野県信濃大町市には野外劇場用の土地も用意した。これは踊れなくなったミュージカル俳優たちのために古典劇を考えていたのかも知れない。サラリー生活者は現在七十歳過ぎまで働けるが、ミュージカル俳優は六十歳で終わりでは切な過ぎる。

アヌイの主人公はそれが自分に不利とわかっていても、自分の考える正義や合理的ではないものに対して「否《ノン》！」と言いつのる。四季の創立メンバーも高校生の頃から社会や権力に対し、この姿勢で生きてきた。しかしそれだけでは人間の世界は面白くない。我慢をしたり方針を変えたり、つまり、曲がり真っ直ぐに生きてみようとすればそういう方法もある。それがジロドゥだった。正義を振りかざして戦争をするか、外交によって握手をするかだ。それが人間の知恵であろう。ジロドゥにも対立はあるが、それは大きな拡がりを持つ。魅力はそこにある。

紙数が尽きる前にお世話になった方々に心からなる感謝を申し上げたい。

浅利演出事務所代表の浅利玲子さん。浅利慶太夫人であり師の衣鉢を継ぎ、女優、プロデューサーとしてこれに向かって一直線である。信濃大町市の「浅利山荘」での思い出に五十年ぶりに出合わせていただき有り難うございました。『劇団四季 浅利慶太記念館』の浅野貢一館長には、館内の解説と隣接する巨大倉庫群の解説、そして師に長く付き添われていた時の浅野館長の思い出が私の思い出となった。また長野オリンピックの開閉会式の演出の資料をいただき実に有り難かった。山荘の管理者は浅野夫人久美子さんで、私に同行した元四季俳優・詩人の大瀧満君ともども歓待を受けた。この方ならば、師は心からくつろぎ、亡き母堂の懐に抱かれた気持ちをたっぷり味わったことであろうと直感した。元四季社員の久保修さんから、三島事件直後の師の姿を知り、感無量でした。有り難う。

株式会社日之出出版の小川敦子さんには前回同様、引き続き痒いところに手の届くような細心の目配りで助けられました。得難い編集者と仕事をさせていただき、有り難うございました。またいつもながら四季株式会社吉田智誉樹社長には、失礼を重ねながらこのたびもお世話になっており、改めて厚くお礼申し上げます。

なお本書の上梓につきましては、株式会社日之出出版西山哲太郎社長には、書店がどんどん消える時代とも言われている昨今の出版事情の中、快く受け入れてくださいましたことにお礼の言葉もありません。有り難うございました。

最後になりましたが、今一度皆様のご厚情に感謝の意をお伝え致したく存じます。至らぬ私に皆様のお力を賜り、心から厚く御礼申し上げます。誠に有り難うございました。

令和六年十二月吉日

梅津　齊

引用・参考文献

「劇団四季創立二十周年記念パンフレット」越見雄二編集　一九七三年　日本ゼネラル出版
「文藝春秋」一九九八年三月号〝わたしの月間日記―長野オリンピック演出日記〟浅利慶太著　文藝春秋
「文藝春秋」一九八四年七月号　文藝春秋
「日本経済新聞」一九九九年二月二日付　日本経済新聞社
『ウィリアム・サローヤン戯曲集』加藤道夫・倉橋健訳　一九八六年　早川書房
「毎日マンスリー」一九五五年九月号〝加藤道夫のこと〟三島由紀夫文　毎日会館
『アルデール又は聖女』パンフレット　一九五四年　劇団四季
「ラ・アルプ」一九九七年五月号　劇団四季
『浅利慶太の四季 著述集』(全四巻) 浅利慶太著　一九九九年　慶應義塾大学出版会
「悲劇喜劇」一九五五年二月号　早川書房
『現代作家の叛逆』R・M・アルベレス著　中村眞一郎訳　一九五五年　ダヴィッド社
『ジロドゥ戯曲全集2』ジャン・ジロドゥ著　岩瀬孝・西村熊雄・梅田晴夫訳　一九五七年　白水社
「ラ・アルプ」二〇〇〇年二、三月号　劇団四季
「朝日新聞」一九六〇年四月十九日付　朝日新聞社
「読売新聞」一九六〇年四月二十三日付　読売新聞社
「朝日新聞」輝　一九六〇年七月十一日付　朝日新聞社
「東京新聞」中　一九六〇年十月十五日付　東京新聞社

『時の光の中で―劇団四季主宰者の戦後史』浅利慶太著　二〇〇四年　文藝春秋
『地図のない旅』公演プログラム　一九六〇年　劇団四季
『ベルリン・ドイツ・オペラ』パンフレット　一九六三年　日生劇場
「ラ・アルプ」一九八三年八月号〝弘世会長と浅利慶太との一時間〟劇団四季
『「私」という男の生涯』石原慎太郎著　二〇〇二年　幻冬舎
『断章　三島由紀夫』梅津齊著　二〇〇六年　碧天舎
『三島由紀夫未発表書簡―ドナルド・キーン氏宛の97通』三島由紀夫著　一九九八年　中央公論新社
「聞き書き《四季》の二十五年」浜畑賢吉構成　鈴木利直文　一九七八年　劇団四季
「読売新聞」安　一九七〇年六月十五日付夕刊　読売新聞社
「ラ・アルプ」43号　劇団四季
「ジャパンタイムズ」一九七二年六月十三日付　ジャパンタイムズ
「読売新聞」一九七二年六月十六日付夕刊　読売新聞社
「朝日新聞」彦　一九七二年六月十七日付夕刊　朝日新聞社
「テアトロ」一九七二年八月号　カモミール社
「報知新聞」一九八四年十一月十一日付　報知新聞社
『キャッツ』福岡公演プログラム〝猫の〈メサイア〉〟一九九〇年　劇団四季

本書のカバー表紙及び口絵で使用した写真は、劇団四季よりお貸し出しいただきました。

年月を経ているため、撮影者不詳の写真も使用させていただきました。

著者略歴　梅津齊（うめつ ひとし）

一九三六年北海道稚内市生まれ。樺太泊居町にて終戦。

北海道学芸大学卒。熊本大学大学院日本文学研究科修士課程修了。

一九六二年、劇団四季入団、演出部。浅利慶太氏に師事。

一九七〇～一九八九年、北海道四季責任者として劇団四季公演及び『越路吹雪リサイタル』北海道公演を担当。

一九八五年、札幌市教委、札幌市教育文化財団の共同事業として、演劇研究所「教文演劇セミナー」（夜間二年制）を設立、指導。

二〇〇五～二〇一〇年、熊本学園大学非常勤講師。

一九九四～二〇一二年、熊本壺溪塾学園非常勤講師。

◉主な演出作品

『オセロー』（シェイクスピア）、『誤解』（A・カミュ）、『宮城野』（矢代静一）、『犬神』（寺山修司）、『ロミオとフリージアのある食卓』（如月小春）、『トロイアの女たち』（エウリピデス、脚色J・P・サルトル）、『サド侯爵夫人』（三島由紀夫）、『シンデレラ』（市堂令）、ミュージカル『私たちの青い鳥』（脚色梅津齊）、ミュージカル『けっぱれ海陸（けーりぐ）』（梅津齊）

◉著書

評論『断章 三島由紀夫』（碧天舎）、『ミュージカルキャッツは革命だった』（亜璃西社）、『浅利慶太―叛逆と正統―劇団四季をつくった男』（日之出出版）

劇団四季創立70周年を超えて
浅利慶太が目指した日本のブロードウェイ

2024年12月26日　第1刷発行

著者　梅津 齊

発行者　西山哲太郎
発行所　株式会社日之出出版
〒104-8505
東京都中央区築地5-6-10
浜離宮パークサイドプレイス7階
編集部　☎03-5543-1340
https://hinode-publishing.jp

デザイン　坂野公一（welle design）
編集　小川敦子（日之出出版）

発売元　株式会社マガジンハウス
〒104-8003
東京都中央区銀座3-13-10
受注センター　☎049-275-1811

印刷・製本　株式会社光邦

ISBN978-4-8387-3305-7 C0074